Valoración inicial del paciente en urgencias o emergencias sanitarias

Ana María Rivas Hidalgo

ic editorial

Valoración inicial del paciente en urgencias o emergencias sanitarias
© Ana María Rivas Hidalgo

1ª Edición

© IC Editorial, 2025

Editado por: IC Editorial
c/ Cueva de Viera, 2, Local 3
Centro Negocios CADI
29200 Antequera (Málaga)
Teléfono: 952 70 60 04
Fax: 952 84 55 03
Correo electrónico: iceditorial@iceditorial.com
Internet: www.iceditorial.com

ISBN: 978-84-1184-773-5
Depósito Legal: MA 651-2025

Impresión: PODiPrint
Impreso en Andalucía – España

Nota de la editorial: IC Editorial pertenece a Innovación y Cualificación S. L.

Presentación del manual

El **Certificado de Profesionalidad** es el instrumento de acreditación, en el ámbito de la Administración laboral, de las cualificaciones profesionales del Catálogo Nacional de Cualificaciones Profesionales adquiridas a través de procesos formativos o del proceso de reconocimiento de la experiencia laboral y de vías no formales de formación.

El elemento mínimo acreditable es la **Unidad de Competencia**. La suma de las acreditaciones de las unidades de competencia conforma la acreditación de la competencia general.

Una **Unidad de Competencia** se define como una agrupación de tareas productivas específica que realiza el profesional. Las diferentes unidades de competencia de un certificado de profesionalidad conforman la **Competencia General,** definiendo el conjunto de conocimientos y capacidades que permiten el ejercicio de una actividad profesional determinada.

Cada **Unidad de Competencia** lleva asociado un **Módulo Formativo,** donde se describe la formación necesaria para adquirir esa **Unidad de Competencia,** pudiendo dividirse en **Unidades Formativas.**

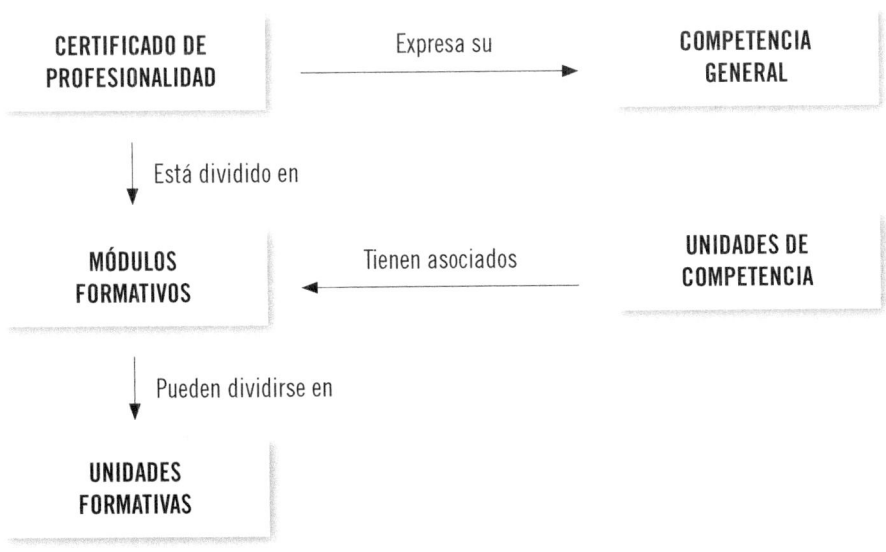

El presente manual desarrolla la Unidad Formativa **UF0681: Valoración inicial del paciente en urgencias o emergencias sanitarias,**

perteneciente al Módulo Formativo **MF0070_2: Técnicas de soporte vital básico y de apoyo al soporte vital avanzado,**

asociado a la unidad de competencia **UC0070_2: Prestar al paciente soporte vital básico y apoyo al soporte vital avanzado,**

del Certificado de Profesionalidad **Transporte sanitario**

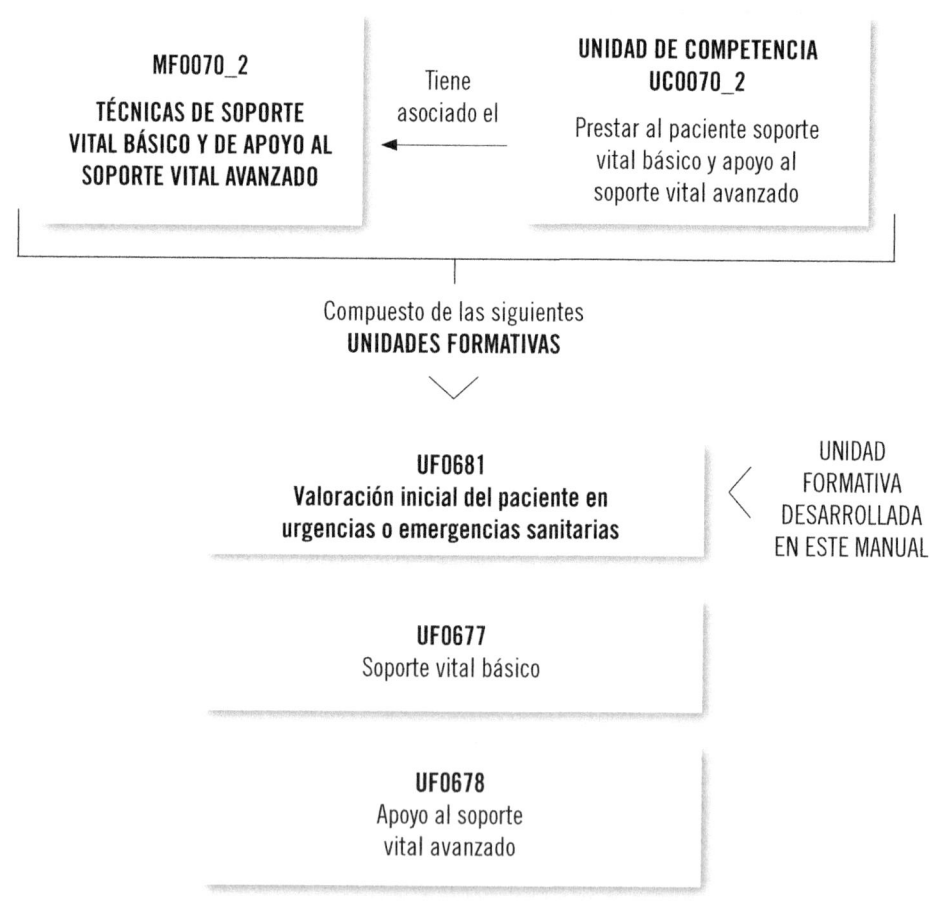

FICHA DE CERTIFICADO DE PROFESIONALIDAD

(SANT0208) TRANSPORTE SANITARIO (R. D. 710/2011, de 20 de mayo)

COMPETENCIA GENERAL: Mantener preventivamente el vehículo y controlar la dotación material del mismo, realizando atención básica sanitaria en el entorno prehospitalario, trasladando al paciente al centro sanitario útil.

Cualificación profesional de referencia		Unidades de competencia	Ocupaciones o puestos de trabajo relacionados:
SAN025_2:TRANSPORTE SANITARIO (R. D. 295/2004 de 20 de febrero)	UC0069_1	Mantener preventivamente el vehículo sanitario y controlar la dotación material del mismo.	• 8412.1017: Conductores de ambulancias • Transporte sanitario programado y Transporte sanitario urgente, con equipos de soporte vital básico y equipos de soporte vital avanzado.
	UC0070_2	Prestar al paciente soporte vital básico y apoyo al soporte vital avanzado.	
	UC0071_2	Trasladar al paciente al centro sanitario útil.	
	UC0072_2	Aplicar técnicas de apoyo psicológico y social en situaciones de crisis.	

Correspondencia con el Catálogo Modular de Formación Profesional

Módulos certificado	Unidades formativas	Horas
MF0069_1: Operaciones de mantenimiento preventivo del vehículo y control de su dotación material.	UF0679: Organización del entorno de trabajo en transporte sanitario.	40
	UF0680: Diagnosis preventiva del vehículo y mantenimiento de su dotación material.	60
MF0070_2: Técnicas de soporte vital básico y de apoyo al soporte vital avanzado.	UF0681: Valoración inicial del paciente en urgencias o emergencias sanitarias.	50
	UF0677: Soporte vital básico.	60
	UF0678: Apoyo al soporte vital avanzado.	50
MF0071_2: Técnicas de inmovilización, movilización y traslado del paciente.	UF0682: Aseguramiento del entorno de trabajo para el equipo asistencial y el paciente.	40
	UF0683: Traslado del paciente al centro sanitario.	60
MF0072_2: Técnicas de apoyo psicológico y social en situaciones de crisis.		40
MP0140: Prácticas profesionales no laborales.		160

Índice

Capítulo 1
Asistencia prehospitalaria en urgencias o emergencias sanitarias

Contenido

1. Introducción

Entendemos por asistencia prehospitalaria aquella que se ofrece desde que se comunica el suceso o amenaza para la salud hasta que los afectados son atendidos en el nivel hospitalario que les corresponde. Esta primera asistencia es vital para que se inicie y se organice el rescate de las víctimas así como para evitar lesiones más graves.

En las últimas décadas se ha producido un espectacular avance en cuanto a los conocimientos tanto médicos como tecnológicos que han permitido que las patologías urgentes sean tratadas y resueltas, cosa que antes era casi exclusivo del medio hospitalario. De hecho, en aquellos años, la premisa para la asistencia prehospitalaria era "cargar y correr", no se prestaba la menor atención a la forma de transportar a las víctimas, siendo lo más importante hacer llegar al herido al centro hospitalario en vehículos sin ningún tipo de dotación. A lo largo de los años se demostró que las emergencias tienen un inicio brusco con una elevada tasa de complicaciones y mortalidad en los primeros minutos, incluso en el mismo lugar del accidente. Teniendo en cuenta esto, se planteó una mejora en la atención a emergencias prehospitalarias, sustituyendo el "cargar y correr" por el "estabilizar y trasladar", mejora que se mantiene hasta nuestros días debido a los buenos resultados obtenidos con esta nueva filosofía de transporte de víctimas.

2. Epidemiología de la asistencia prehospitalaria

Cuando hablamos de epidemiología nos referimos a la concepción más amplia de esta disciplina, que estudia la frecuencia, distribución, determinantes, relaciones, predicciones y control de los factores relacionados con la salud y la enfermedad en los conjuntos humanos.

Es importante tener en cuenta los aspectos epidemiológicos de la asistencia prehospitalaria, para estudiar los factores que aumentan el riesgo de contraer una enfermedad y para fomentar aquellos aspectos que puedan prevenir o controlar los problemas de salud. De esta manera se podrán determinar las estrategias de intervención más adecuadas.

La epidemiología estudia la relación causa-efecto entre exposición y el trastorno de salud. Las alteraciones no se producen de manera aleatoria, sino que tienen causas que pueden evitarse. El estudio de esos factores de riesgo puede ayudarnos a prevenir ciertas alteraciones.

Procesos atendidos por EET y helicópteros

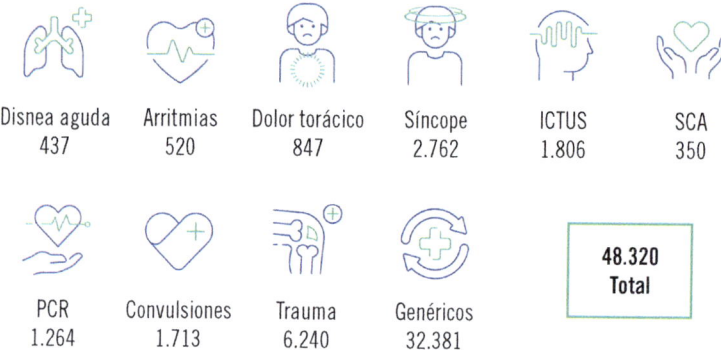

Disnea aguda	Arritmias	Dolor torácico	Síncope	ICTUS	SCA
437	520	847	2.762	1.806	350

PCR	Convulsiones	Trauma	Genéricos	48.320 Total
1.264	1.713	6.240	32.381	

3. Cadena de la supervivencia

Se llama **cadena de supervivencia** al conjunto de actuaciones que deben ponerse en marcha, de una manera rápida y ordenada, ante cualquier emergencia para conseguir las mayores probabilidades de supervivencia de la víctima y además procurar que las secuelas derivadas sean mínimas. La reanimación cardiopulmonar (RCP) por sí sola tiene una utilidad limitada, pudiéndose mejorar el resultado siguiendo esta secuencia a la que llamamos cadena de supervivencia. Este concepto, también llamado "cadena de la vida", se implantó a finales de la década de los 80, y sigue vigente a día de hoy, habiendo sido refrendada en la última revisión de protocolos de urgencias en 2021.

Cadena de supervivencia

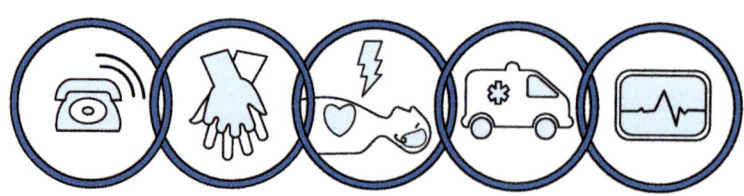

Los eslabones de la cadena de supervivencia son:

- **Alerta.** Reconocimiento y alerta al sistema de emergencias: en esta primera fase de la cadena se incluye la llamada precoz a los equipos de emergencia.
- **RCP Básica.** Resucitación cardiopulmonar básica: en esta fase se ejecuta el masaje cardíaco y la resucitación artificial para retrasar la posibilidad de lesiones a nivel cerebral y del corazón, tratando de restaurar la vida y, en cualquier caso, ganar tiempo para que se realice la desfibrilación.
- **Desfibrilación (descarga eléctrica).** Aplicación de una descarga en el tórax de la víctima de manera que sea posible restaurar el ritmo cardíaco y que este pueda volver a bombear sangre.
- **Soporte vital avanzado y estabilización.** Resucitación cardiopulmonar avanzada (RCP Avanzada): la RCP avanzada debe ser practicada por un equipo médico entrenado. Es muy importante que esta práctica se lleve a cabo en el menor tiempo posible, y proceder al transporte de inmediato.
- **Cuidados postresucitación.** Son los cuidados que se aplicarán inmediatamente después de la asistencia prehospitalaria, normalmente se darán en el medio hospitalario y consistirán, entre otros, en la monitorización y vigilancia de los signos.

4. Decálogo prehospitalario

Todas las situaciones de emergencia son complejas, no solo por la forma en que se pueden presentar, sino también por las medidas a llevar a cabo para resolverlas. Para poder sistematizar y simplificar la respuesta ante estas emergencias, se crea el **Decálogo de Asistencia Prehospitalaria.** Este decálogo está constituido por una relación ordenada de acciones y actitudes para poder afrontar estas difíciles situaciones. Todas las actuaciones que se lleven a cabo en el medio prehospitalario deben estar perfectamente definidas, ordenadas y encadenadas, para conseguir una respuesta segura, proporcionada y eficiente ante la situación de emergencia. El decálogo contiene la estructura táctica para intervenir en cualquier situación crítica, tanto en circunstancias de emergencia individual como colectiva.

Decálogo de atención hospitalaria

```
                    Aproximación
        Alarma                      Aislamiento / Control
     Alerta                                   Triaje
  Reactivación                             SVB-SVA
     Transferencia      Transporte    Estabilización
```

4.1. Fases

En cada una de las fases se seguirán una serie de métodos y protocolos que se describirán a continuación:

- **Alerta:** se puede definir como la actitud de "espera y listos", para afrontar de forma positiva, activa y adaptada la situación de emergencia. En esta fase se ha de tener en cuenta que debe haber un acceso "viable" al sistema de emergencias por parte del usuario, mediante una línea telefónica directa, que sea fácil de memorizar, o un sistema inalámbrico, como el 112 o el 061. Además, la recepción del mensaje debe estar activa durante las 24 horas del día, con una central de transmisiones dotada de operadores entrenados, los cuales deberán analizar la demanda, de acuerdo con un sistema establecido, para confirmar, seleccionar y evaluar el alcance del problema. Así también, en esta fase de alerta se debe tener a punto y disponible el equipamiento y los vehículos con la tecnología necesaria. Los profesionales deben tener los conocimientos y habilidades técnicas adecuadas, planes establecidos para afrontar las situaciones de emergencia, por lo cual, deben estar poniéndose al día de manera periódica.
- **Alarma:** en la fase de alarma se pone en marcha el sistema de asistencia, para lo cual se tienen en cuenta dos etapas: por un lado, el análisis y tratamiento de la llamada, mediante un interrogatorio dirigido a determinar el lugar y motivo del siniestro, número y condiciones de los accidentados, localización y distribución de los recursos más próximos y orden de intervención. Por otro lado, en esta fase además se incluye el desplazamiento del equipo y el material de intervención y activación de los servicios de apoyo necesarios.

Cuando se realiza una llamada a los servicios de emergencias, se deben tomar una serie de datos, como la identidad de quien llama o desde dónde lo hace. Deberá dar un número de teléfono y explicar qué está ocurriendo exactamente. En caso de ser en una autovía, deberá confirmarse el punto kilométrico, el número de víctimas, y además señalar si el vehículo está interrumpiendo el tráfico y si se han avisado a otras autoridades.

- **Aproximación:** es el acceso al lugar del siniestro, eligiendo el camino más seguro, más rápido y más corto, por este orden. Cuando se llega al punto de asistencia, se deben adoptar medidas de protección con objeto de garantizar la seguridad propia y evitar nuevas víctimas. Es muy importante la protección en estos casos, con medidas pasivas y activas. Cuando haya finalizado la evaluación inicial, se habrán identificado los riesgos sobreañadidos y las rutas y puntos de acceso preferentes para posteriores apoyos.

- **Aislamiento:** al llegar al lugar del siniestro se debe acotar el lugar, es decir, protegerlo balizando la zona para prevenir nuevos accidentes y controlar el acceso de espectadores al lugar del siniestro. Una segunda evaluación sería necesaria para valorar el alcance real del accidente y hacer una estimación de las necesidades que pueda haber.

- **Triaje:** la palabra *triage* viene del francés y significa "clasificación", como tal es la que se lleva a cabo en esta fase, la clasificación de las víctimas en el lugar del accidente. En esta fase se intentan adecuar las posibilidades asistenciales a las necesidades que hayan surgido, atendiendo a las prioridades de actuación, las técnicas de soporte necesarias y el momento idóneo para transportar a cada víctima.

  Para llevar a cabo el triaje, se deben conocer elementos como el número de lesionados, la gravedad de los mismos, la edad, la distancia y nivel asistencial de los hospitales cercanos, los recursos sanitarios en la zona y los medios de transporte disponibles.

Tarjeta roja	Extrema urgencia: compromiso respiratorio, *shock*, heridas y traumatismos exanguinantes
Tarjeta amarilla	Urgencia diferida: lesiones que si no son tratadas pueden llegar a ser críticas.
Tarjeta verde	Heridos leves: lesiones que no comprometen la vida
Tarjeta negra	Fallecidos o no resucitables

Código de colores internacionalmente reconocido en triaje extrahospitalario

- **Soporte Vital Básico y Avanzado:** el soporte vital engloba el conjunto de técnicas que tienen por objeto sustituir, restablecer o estabilizar las funciones respiratorias y cardiovasculares. Comprende el conjunto de maniobras que hacen posible la supervivencia del paciente, evitando añadir nuevas lesiones. Las primeras medidas irán encaminadas al control de la respiración y la circulación de manera efectiva. Podemos dividirlo en tres niveles:

  - **Soporte Vital Básico (SVB):** son maniobras para sustituir la respiración y la circulación de manera eficaz, así como evitar el empeoramiento de la víctima. El SVB no requiere equipamiento, solo personal adiestrado. En este proceso sistematizado se incluye:

    - Mantener la vía aérea permeable. Por medio de la maniobra frente-mentón o la de tracción mandibular se debe abrir la vía aérea. Además, se debe limpiar de manera manual la vía aérea en el caso de que existan cuerpos extraños. Se debe tener especial cuidado en dejar inmovilizada la región cervical.
    - Asegurar la ventilación adecuada, respiración boca a boca o boca-nariz en víctimas pediátricas.
    - Garantizar una circulación eficaz por medio de masaje cardíaco externo si no tuviera pulso, o compresión en puntos donde se produzca sangrado. Nos podemos ayudar con la posición de Trendelenburg (piernas elevadas con el cuerpo alineado en línea recta), así como inmovilización de fracturas.

  - **Soporte Vital Avanzado (SVA):** con estas maniobras se persigue restablecer las funciones pulmonares y cardiovasculares o estabilizarlas. Para el SVA sí es necesario un equipamiento y personal específicamente formado para ello. Comprende medidas como control de la vía aérea por medio de intubación endotraqueal o cánulas faríngeas o de guedel, soporte ventilatorio mediante balón de reanimación o respirador y oxígeno en todos los casos, y soporte circulatorio con medicación, canalización de vía venosa y administración de líquidos intravenosos.

En 1775 ya se describía el procedimiento de hacer presión sobre el cartílago cricoides cuando se realiza insuflación artificial por la boca con el fin de evitar la entrada de aire al esófago.

FASES DE LA RCP BÁSICA	
A	Vía aérea *(Airway)*
B	Respiración boca a boca *(Breathing)*
C	Circulación *(Circulation)*

Resumen RCP

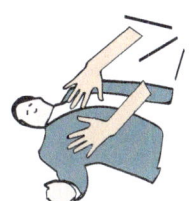  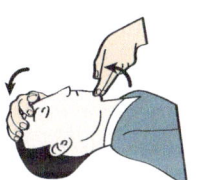 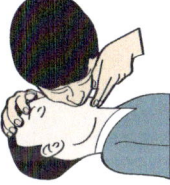 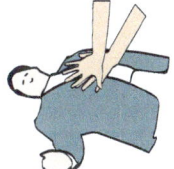

Respiración cardiopulmonar

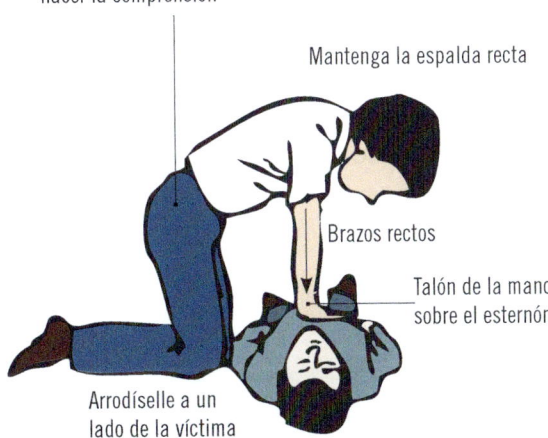

Utilice el peso de su cuerpo para hacer la comprensión

Mantenga la espalda recta

Brazos rectos

Talón de la mano sobre el esternón

Arrodíselle a un lado de la víctima

▪ **Soporte Vital Avanzado Traumatológico (SVAT):** se trata de la culminación de la atención a las víctimas con medidas como:

  ▪ Inmovilización y fijación de la columna, con collarines cervicales, dama de Elche, tablas espinales, colchón de vacío y otros.
  ▪ Prevenir la hipotermia con sábanas isotérmicas.
  ▪ Tracción y alineamiento de fracturas mediante férulas neumáticas de vacío y tracción.

▪ **Estabilización:** en esta fase se engloba el conjunto protocolizado de actuaciones que se aplican sobre un paciente crítico para conseguir que sus funciones vitales se mantengan y situarlo en un estado óptimo para que sea trasladado a un centro sanitario.

  ▪ En esta fase, los objetivos irán desde aislar la vía aérea, hasta realizar el control circulatorio e inmovilizar al paciente de forma adecuada.
  ▪ Hay ocasiones en las que la estabilización prehospitalaria es imposible debido a las lesiones que presenta, de manera que el traslado se hará de manera inmediata después de realizar las maniobras de soporte vital.

▪ **Traslado:** el medio de transporte de elección será el que asegure la continuidad de la atención a la víctima dependiendo de su gravedad. Antes de proceder al traslado debemos saber a dónde va a ser trasladado, y si en el centro de recepción se podrá garantizar la asistencia. Además, se debe conocer la ruta más fácil, cómoda y segura para hacer el traslado y con qué garantías se hará este en el momento en que se decida salir.

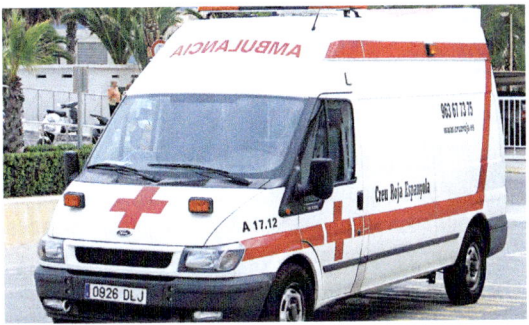

Transporte

■ **Transferencia:** cuando hablamos de la transferencia del paciente, nos referimos al solapamiento de la asistencia prehospitalaria y la hospitalaria, dando garantías al relevo del paciente. Lo ideal es que la transferencia se haga de forma personal y directa al médico receptor, dando información verbal de su estado clínico y entregándole una ficha con los datos básicos recogidos. Esta ficha contendrá datos como la filiación del paciente, historia y patrón de la lesión, constantes vitales, soporte asistencial, incidencias ocurridas, hora, nombre y firma de los componentes del equipo que han prestado la asistencia prehospitalaria.

■ **Reactivación del sistema:** cuando se haya completado la intervención, se inician los procedimientos establecidos para la puesta a punto del equipo y su inmediato regreso a la situación de alerta. Casi siempre es necesaria la limpieza y reposición de material, medicación, uniformes, documentación, gases, combustible, etc. La reactivación al estado de alerta quedará registrada documentalmente a la central coordinadora.

 Consejo

Es muy útil que, previo al traslado o durante este, se dé alerta al centro coordinador para que el personal que tenga que recibir al paciente esté preparado.

Aplicación práctica

Usted trabaja en un equipo de emergencias sanitarias como técnico de transporte. Reciben un aviso en el que se informa de un accidente de tráfico en una carretera cercana, con múltiples víctimas. Usted y su equipo, compuesto por un médico, un enfermero, además de usted mismo, se personan en el lugar de los hechos. Antes de iniciar la asistencia se debe realizar el triaje de las víctimas. La situación de cada uno de los pacientes es la siguiente:

Francisco, 51 años: sufre fractura abierta de fémur, con sangrado efusivo por afectación de la arteria femoral, tensión arterial baja y taquicardia.

Luisa, 33 años: embarazada que viajaba en uno de los vehículos implicados, sin contusiones ni heridas. No refiere dolor. Está tranquila. Sale del vehículo por su propio pie.

Lucía, 37 años: era la conductora del vehículo que ha colisionado de forma frontal. Se observa amputación traumática del brazo izquierdo a la altura del hombro, lo que ha dado lugar a una hemorragia masiva. Lleva 15 minutos en *shock,* no responde a estímulos, no tiene pulso, ni respira.

Fernando, 42 años: al intentar sacar del vehículo a su mujer, Lucía, este señor ha sufrido una herida incisa, con un hierro del vehículo, en el brazo derecho. La laceración es de unos 4 centímetros de profundidad, con una trayectoria oblicua. El sangrado ha sido controlado por medio de presión directa sobre la herida.

Usted debe participar en el triaje, de manera que proceda a la clasificación de los implicados.

SOLUCIÓN

Francisco sería clasificado como tarjeta roja, ya que existe un peligro inminente para su vida en caso de que no fuera tratado.

A Luisa, la embarazada que sale por su propio pie, la calificaríamos como tarjeta verde, ya que sus lesiones no comprometen la vida, aunque deberemos prestarle asistencia cuando nos sea posible.

En el caso de Lucía, encontramos que sus lesiones no son compatibles con la vida, de manera que la calificación será tarjeta negra.

Continúa en página siguiente >>

<< Viene de página anterior

Por último, Fernando, que ha resultado lesionado con una herida incisa de profundidad considerable, será tarjeta amarilla, ya que necesita asistencia pero puede ser pospuesta porque el sangrado se ha controlado.

 ## Aplicación práctica

Usted se encuentra formando parte de un equipo de emergencias prehospitalarias. Reciben un aviso mientras se encuentran en estado de alerta para asistir a una víctima de accidente de tráfico, en la carretera N-430, punto kilométrico 87. Solo hay una persona accidentada, con lesiones leves. El hospital al que vamos a trasladarlo una vez lo hayamos asistido in situ será el hospital comarcal de Villaboscosa. Describa qué secuencia de acciones, según el protocolo del decálogo prehospitalario, llevaría a cabo para tal propuesta.

SOLUCIÓN

Se deberán describir brevemente las fases del decálogo prehospitalario:

Alerta: el equipo se encuentra a la espera de la actuación.

Alarma: se recibe la llamada.

Aproximación: para llegar al lugar del siniestro por carretera convencional, el equipo usará la ambulancia medicalizada que tiene asignada para los avisos. En el lugar del siniestro, aguardará una UVI móvil, llegada desde otro punto.

Aislamiento: al llegar a la zona del siniestro, se apaga el motor del vehículo siniestrado, se colocan los elementos de seguridad, como triángulos y chalecos reflectantes homologados, y se avisa a la Guardia Civil para que realice labores de control del tráfico y así evitar otros accidentes en la vía.

Triaje: existe solo una víctima en el siniestro. Puede caminar por su propio pie, aunque tiene una herida contusa en el cráneo. Tiene las constantes vitales dentro de la normalidad, pero se siente un poco estuporoso.

Continúa en página siguiente >>

<< Viene de página anterior

SVB y SVA: el paciente está consciente y camina por sí mismo. Se deja en posición de seguridad y se monitoriza (se vigila). Se controlará la hemorragia de la herida del cráneo.

Estabilización: después de valorar la vía aérea y el estado circulatorio, se le coloca una vía venosa periférica, con una perfusión de suero, con una infusión de suero para hidratación y reposición de líquido durante el traslado.

Transporte: el paciente será trasladado al hospital comarcal más cercano, el de Villaboscosa por la carretera N-430, en ambulancia medicalizada, acompañado por un equipo formado por médico, enfermero y técnico sanitario.

Transferencia: indicamos al médico y al personal que nos recibe que traemos un varón con hipotensión y una hemorragia por una herida incisa en el cuero cabelludo. Respira correctamente y se le ha administrado suero intravenoso. Se indicarán los datos personales que hayamos recopilado de la víctima, así como la hora en la que se recibió la llamada, la hora de asistencia y otros datos relevantes si los hubiéramos recabado.

Reactivación del sistema: se comunica al centro coordinador de emergencias que se ha completado el traslado del paciente, de manera que se pueda volver a contar con nuestra unidad como operativa. De regreso a nuestro punto de partida, si fuera necesario, se repostará combustible, y se realizará la reposición de material y limpieza del habitáculo según la necesidad.

5. Urgencia y emergencia sanitaria. Concepto

Según la Organización Mundial de la Salud (OMS), estas son las definiciones para urgencia y emergencia:

- **Urgencia:** es la aparición fortuita en cualquier lugar o actividad de un problema de causa diversa y gravedad variable que genera la necesidad inminente de atención sanitaria, por parte del sujeto que la sufre o de su familia. La aparición de esta patología no tiene por qué ser necesariamente mortal, pero debe ser atendida en un máximo de 6 horas para que no se vea comprometida la vida del paciente.

- **Emergencia:** es aquella situación urgente que pone en peligro inmediato la vida del paciente o la función de algún órgano. En este caso, la aplicación de primeros auxilios es de vital importancia para sus órganos.

6. Sistema integral de urgencia y emergencias. Concepto y elementos

El Sistema Integral de Urgencias y Emergencias (SIE) es la coordinación de recursos para garantizar la asistencia sanitaria adecuada en tiempo y calidad en el lugar de la situación de emergencia o urgencia hasta la reinserción social de la víctima.

Un SIE debe comprender todos los elementos necesarios para garantizar la asistencia a la persona que se encuentre en situación de emergencia sanitaria, reduciendo al máximo las muertes evitables, así como las graves secuelas que se producen por la falta de asistencia adecuada.

Elementos

Los SIE constan de una serie de elementos indispensables para su funcionamiento:

- Los centros de coordinación: son los puntos de acceso a la asistencia sanitaria, tanto urgente como emergente, donde se decide qué recurso se asigna dependiendo de la situación de la que se ha dado alerta.
- Puntos básicos de atención continuada urgente: los profesionales que conforman estos equipos asisten en su centro de urgencias al paciente, si es que acude, o in situ, si es que se da aviso para asistencia fuera del centro.
- Red de transporte urgente: existen a disposición tanto ambulancias medicalizadas, como convencionales, uvis móviles, helicópteros, coches de los servicios de seguridad, bomberos, etc.

7. Resumen

La cadena de supervivencia tiene como fin aumentar las probabilidades de supervivencia de la víctima, así como reducir las posibles secuelas, con una secuencia ordenada de acciones que son: alerta, RCP básica, desfibrilación precoz, soporte vital avanzado y estabilización y cuidados postresucitación.

El decálogo prehospitalario contiene la estructura táctica para intervenir en cualquier situación crítica, tanto en situación de emergencia individual como colectiva. Las fases son:

- Alerta
- Alarma
- Aproximación
- Aislamiento
- Triaje
- SVB y SVA
- Estabilización
- Traslado
- Transferencia
- Reactivación del sistema

Una urgencia es una aparición fortuita de un problema de causa y gravedad variable que genera la conciencia de una necesidad inminente de atención sanitaria, por parte del sujeto que la sufre o de su familia.

Una emergencia es una situación urgente que pone en peligro inmediato la vida del paciente o la función de algún órgano.

El Sistema Integral de Urgencias y Emergencias y elementos es la coordinación de recursos para garantizar la asistencia sanitaria adecuada en tiempo y calidad en el lugar de la situación de emergencia o urgencia hasta la reinserción social de la víctima.

Ejercicios de repaso y autoevaluación

1. La epidemiología estudia...

    a. ... la frecuencia.
    b. ... la distribución.
    c. ... los determinantes.
    d. Todas las opciones son correctas.

2. El Soporte Vital Básico consta de las siguientes fases:

    a. Apertura de la vía aérea, ventilación o respiración artificial y valoración sensorial.
    b. Ventilación, respiración artificial y valoración circulatoria.
    c. Apertura de la vía aérea, ventilación o respiración artificial y valoración circulatoria.
    d. Valoración de la circulación, valoración sensorial y ventilación.

3. ¿Qué no se debe hacer en la fase de apertura de la vía aérea?

    a. Maniobra frente-mentón.
    b. Maniobra de tracción mandibular.
    c. Retirar, si los hubiera, cuerpos extraños en la vía aérea.
    d. No manipular las cervicales del paciente. Da igual como haya quedado expuesta, se quedará tal y como estuviera.

4. En la fase de transporte del paciente, debemos tener claro que...

    a. ... el destino al que queremos hacer llegar al paciente esté preparado para ello.
    b. ... el centro de destino no debe saber que pretendemos llevar al paciente allí.
    c. ... el camino a elegir es el más corto, aunque no sea el más seguro.
    d. ... una vez en el centro receptor, no tenemos por qué dar los datos de la asistencia previa.

5. ¿Cuál de estas no es una característica de una emergencia?

    a. Pone en peligro la función de algún órgano del paciente.

    b. Genera la necesidad de atención sanitaria por conciencia del propio paciente o por sus familiares.

    c. Pone en peligro de manera inmediata la vida del paciente.

    d. La aplicación de los primeros auxilios es de vital importancia.

Capítulo 2

Bases anatómicas y funcionales de los principales órganos, aparatos y sistemas del cuerpo humano, aplicados a la valoración inicial del paciente en situación de urgencia o emergencia sanitaria

Contenido

1. Introducción

En la atención ante situaciones de urgencia y emergencia, el personal sanitario debe tener unos conocimientos amplios sobre la composición, las funciones y las estructuras que componen cada uno de los órganos y tejidos del cuerpo humano. Para saber de qué manera afectan las patologías de urgencias y emergencias al organismo es necesario conocer la anatomía humana. La desviación de estas funciones nos dará la pista de que existe un fallo en el sistema, de manera que será preciso actuar sobre estas anormalidades.

En esta unidad estudiaremos los distintos sistemas que componen el cuerpo humano, así como las actividades más destacables de cada uno.

Así, daremos un repaso por cada una de las estructuras corporales, comenzando por la más elemental, la célula, que es la base de todos y cada uno de los órganos y tejidos de nuestro cuerpo.

2. Célula humana

La teoría celular establece que la célula es la unidad estructural y funcional de los seres vivos. Así, aunque los seres vivos presentan formas y tamaños muy variados, todos, excepto los virus, están formados por células. La célula es la estructura más simple que realiza las funciones propias de un ser vivo.

 Nota

Hay organismos como las bacterias, formados por una sola célula, los cuales reciben el nombre de organismos unicelulares. Pero la gran mayoría de los organismos están formados por numerosas células, millones de ellas, los cuales son denominados, organismos pluricelulares.

El cuerpo humano está formado por unos cincuenta billones de células, agrupadas en tejidos, los cuales se organizan en órganos y estos en aparatos o sistemas.

2.1. Estructura

Dentro del citoplasma se encuentran una serie de orgánulos que se encargan de realizar las distintas funciones celulares. Dentro de las partes que componen la célula, las más destacables son:

- **Membrana celular:** es la capa viva y semipermeable que envuelve la célula con elasticidad. La membrana regula el paso de materiales desde el exterior al interior de la célula, seleccionando qué sustancias son necesarias para que se lleve a cabo el metabolismo, además de ser la que controla la salida de los productos de desecho.
- **El citoplasma:** se encuentra entre la membrana plasmática y el núcleo. Viene a ser el medio interno donde se produce gran parte de las funciones metabólicas y de biosíntesis.
- **El núcleo:** es un cuerpo que se encuentra en el centro del citoplasma, perfectamente limitado y visible. En él se almacena la información de la célula y desarrolla funciones metabólicas y de reproducción celular.
- **Citoesqueleto:** sobre todo, cobra importancia en las células vegetales. Su función es estructural. La red de filamentos que lo componen hace que se mantenga la forma de la célula y su estructura en caso de que la membrana no sea lo suficientemente resistente.

Estructura de la célula

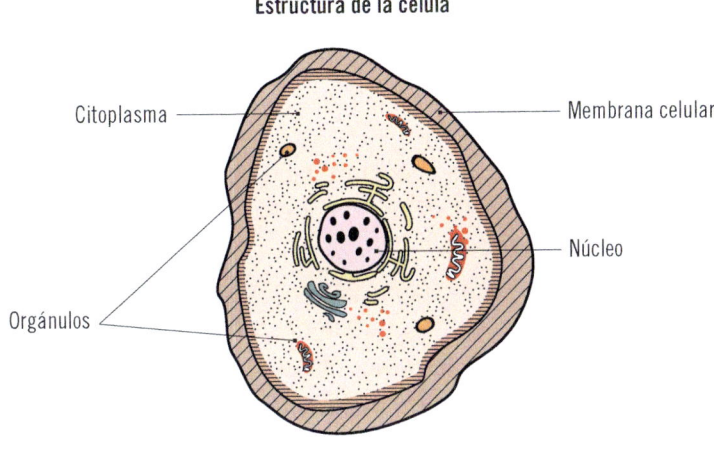

Estructura de la célula

2.2. Composición

Las células están compuestas por una serie de membranas y orgánulos variados, que se detallan en la siguiente tabla:

PARTE CELULAR	COMPONENTES
Membrana plasmática	Formada por proteínas
Citoplasma	Ribosomas: contienen ARN y proteínas
	Retículo endoplasmático: función de sostén
	Aparato de Golgi: formado por membranas
	Lisosomas: vesículas con función digestiva
	Mitocondrias: almacenan energía, ADN y enzimas
	Centrosoma y núcleo: regulan el intercambio de información entre el citoplasma y el núcleo

2.3. Tipos

Existen dos tipos de célula:

- La **célula procariota.** Es la organización de las células más primitivas. Posee material genético disperso por el citoplasma, sin membrana que lo rodee ni núcleo.
  Esta célula carece de la mayor parte de orgánulos celulares. Son organismos unicelulares, como las bacterias y las cianobacterias.
- La **célula eucariota.** Es de mayor tamaño y mucho más compleja que la anterior. Su material genético está dentro de un núcleo, rodeado por una membrana nuclear.
  Posee varios orgánulos limitados por membranas que dividen al citoplasma en compartimentos.
  La célula eucariota es propia de los organismos pluricelulares y de algunos unicelulares también.

 Importante

El ADN (ácido desoxirribonucleico) contiene toda la información genética de un individuo o ser vivo; esta información es irrepetible y única en cada ser vivo, siendo estos datos genéticos los que pasarán de generación en generación.

2.4. Función

Las células cumplen una serie de funciones básicas como:

- **Nutrición:** las células toman materia del medio que les rodea, lo transforman y se liberan de los productos de desecho derivados de esta transformación.

- **Crecimiento y multiplicación:** las células son capaces de dirigirse a sí mismas en este proceso. Normalmente, de una de estas células salen dos idénticas por medio de la división celular.
- **Diferenciación:** se produce cuando es necesario que las células nuevas tengan características especiales. Es en el proceso de división celular cuando se realizan los cambios para conseguir estas características.
- **Comunicación:** las células tienen capacidad para comunicarse entre sí y recibir estímulos del exterior de su medio.

3. Tejidos del cuerpo humano

El tejido es un conjunto de células con características similares, las cuales tienen un origen común y funcionan de manera conjunta ya que realizan una actividad especializada. Sin embargo, la mayoría de los tejidos se componen de dos o tres tipos distintos de células.

A partir de una célula inicial, llamada cigoto, comienza a desarrollarse el organismo celular. En esta primera etapa, todas las células son exactamente iguales, pero van adquiriendo una forma determinada relacionada con la función que tendrán que realizar.

3.1. Tipos

Los tipos de tejidos son:

- **Tejido epitelial.** Constituye el tejido de recubrimiento. Incluye tejidos cuyas células se encuentran muy cerca y sin ninguna sustancia que las separe. Este tipo de tejido se nutre del tejido conectivo subyacente. Este, a su vez, se puede dividir en epitelial simple, pseudoestratificado y estratificado.
- **Tejido conjuntivo o conectivo.** Es el tejido estructural, de sostén y protección. Es el tejido más abundante y más distribuido por el organismo. Lo constituyen las fibras extracelulares, que le dan fuerza y resistencia a las células. El tejido conjuntivo no se encuentra sobre superficies libres y suele estar muy vascularizado.

- **Tejido muscular.** Es el tejido contráctil por excelencia del organismo. Es capaz de reducir su longitud dependiendo de las necesidades del organismo, pudiendo recuperarla cuando ya no es necesaria la contracción.
- **Tejido nervioso.** Está formado por billones de neuronas y una cantidad de interconexiones difícil de calcular. Todo esto forma un complejo sistema de comunicación entre las neuronas, que son las encargadas de percibir estímulos de todo tipo y transmitirlos como impulsos nerviosos.
- **La sangre.** Es un caso singular dentro de los tejidos por su carácter fluido y no todos los autores la señalan como un tejido en sí, pero es importante tenerlo en cuenta.

Cuatro tipos básicos de tejido

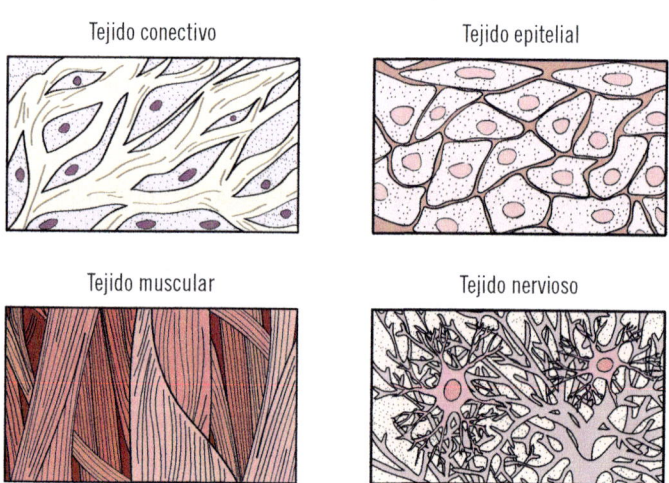

Tejido conectivo

Tejido epitelial

Tejido muscular

Tejido nervioso

3.2. Estructura

Cada uno de los tejidos tiene una estructura diferente. En el cuadro siguiente se indican algunas características de cada uno de ellos:

TEJIDOS	ESTRUCTURA
Tejido epitelial	Las células están fuertemente adheridas unas con otras, formando capas celulares continuas.
Tejido conjuntivo	En su estructura aparecen distintos tipos de células, separadas por un material que ellas mismas crean. Este material es una de las características especiales que poseen.
Tejido muscular	Está compuesto por células musculares con formas alargadas y cilíndricas. Estas células tienen en su interior fibras con capacidad contráctil llamadas **miofibrillas**, compuestas por actina y misiona.
Tejido nervioso	En su estructura aparecen dos componentes: las neuronas, que forman la unidad estructural y funcional del sistema nervioso, y las células de la glía, que sirven de sostén para las neuronas.

Definición

Histología
Ciencia que se ocupa del estudio de los tejidos de los seres vivos.

3.3. Función

En la siguiente tabla se detallan las principales funciones de los distintos tipos de tejidos:

NOMBRE DEL TEJIDO	PRINCIPALES FUNCIONES
Tejido epitelial	Recubre la superficie del cuerpo, así como las cavidades internas y los órganos.
Tejido conjuntivo	Rellena los espacios entre los tejidos y los órganos del cuerpo. Cumple funciones de sostén, relleno, almacenamiento, transporte, defensa y reparación del organismo.
Tejido muscular	A través de su capacidad de contracción produce los movimientos.

Continúa en página siguiente >>

<< Viene de página anterior

NOMBRE DEL TEJIDO	PRINCIPALES FUNCIONES
Tejido nervioso	Transmite impulsos nerviosos y coordina los mensajes.
Sangre	Transporta el oxígeno y los nutrientes por el cuerpo y mantiene la composición adecuada y constante de los líquidos corporales, regula el funcionamiento de algunos órganos y glándulas y realiza funciones defensivas contra patógenos.

4. Fundamentos de topografía anatómica

Se conoce como topografía anatómica a la relación de las estructuras del cuerpo con la posición espacial. Es decir, la división del cuerpo humano en partes o regiones topográficas bien delimitadas, tomando como referencia distintas posiciones espaciales.

Partimos de la denominada posición anatómica estándar, en la cual el cuerpo humano se encuentra en posición de pie y erguido, los pies paralelos y juntos, la cabeza recta sin hiperextender y dirigida al frente, y ambos brazos extendidos paralelos al cuerpo con las manos hacia adelante.

Posición anatómica estándar

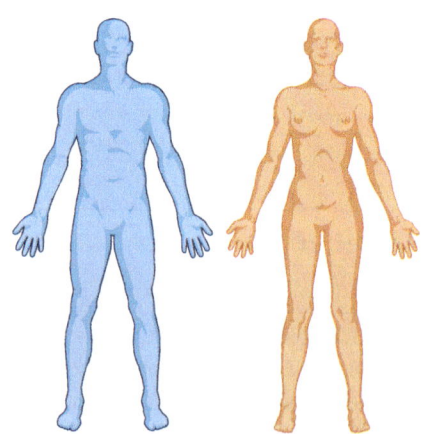

La topografía anatómica es útil para determinar la posición tanto de estructuras y regiones del cuerpo, utilizando como referencia la posición anatómica estándar.

4.1. Localización

Para establecer la localización de los órganos, aparatos y sistemas que conforman el organismo del ser humano, es indispensable conocer la nomenclatura que va a designar de forma científica cada una de estas zonas.

Importante

Conocer la nomenclatura facilitará la labor de todos los profesionales sanitarios a la hora de describir un punto.

4.2. Planos, ejes y regiones anatómicas

La posición anatómica se define como el estado que adopta el cuerpo humano en el espacio con la finalidad de estudiarlo anatómicamente. Para ello, es necesario que el cuerpo se encuentre de pie, con la cabeza erguida, los ojos abiertos mirando al frente, brazos extendidos a los dos lados del cuerpo y las palmas de las manos dirigidas al frente. Las piernas permanecerán juntas y totalmente extendidas con los pies en paralelo y los talones unidos.

Para facilitar el estudio del cuerpo humano, se establecen una serie de planos imaginarios. Los principales son: el plano sagital, el plano coronal y el plano transversal.

Distintos planos del cuerpo humano

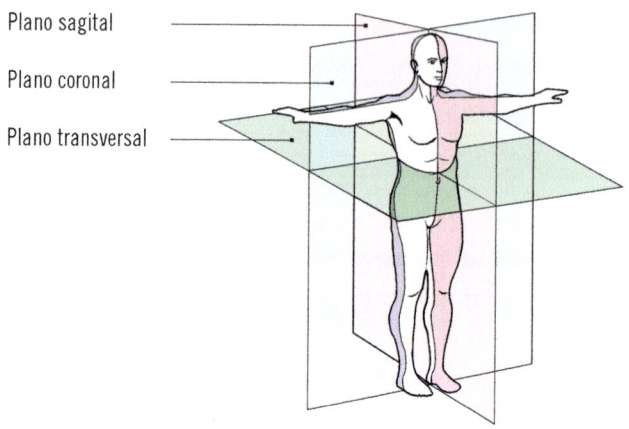

Plano sagital o medial	Divide el cuerpo de derecha a izquierda en dos mitades iguales longitudinales.
Plano frontal o coronal	Atraviesa la línea longitudinal media que pasa por las orejas y divide el cuerpo en dos mitades no iguales, anterior y posterior.
Plano transversal u horizontal	Es el corte que se realiza horizontal y perpendicular al corte medial. Desde el ombligo, divide el cuerpo en dos mitades desiguales, superior e inferior.

4.3. Terminología de posición de dirección

Existe una extensa terminología para nombrar las posiciones de dirección de las zonas del cuerpo humano. Las más importantes, se detallan en el siguiente cuadro:

TÉRMINO	¿DÓNDE SEÑALA?	EJEMPLOS
Superior, cefálico o craneal	Lo que está arriba o más cercano de la cabeza	El corazón está cefálico-superior-craneal al estómago
Inferior o caudal	Lo que está más abajo o cerca de los pies	El estómago se sitúa inferior-caudal a los pulmones

Continúa en página siguiente >>

<< Viene de página anterior

TÉRMINO	¿DÓNDE SEÑALA?	EJEMPLOS
Anterior o ventral	Lo que se encuentra delante	Los pulmones se sitúan anteriores-ventrales a la columna vertebral
Posterior o dorsal	Lo que se encuentra detrás	La columna vertebral está posterior-dorsal al hígado
Medial	Lo que está más cerca de la línea media del cuerpo	El dedo meñique está en la parte medial de la mano
Lateral	Lo que está más lejano a la línea media	El dedo pulgar está en la parte lateral de la mano
Superficial	Lo que está más cerca de la superficie	Los músculos de la pierna son superficiales al fémur
Profundo	Lo que está más lejano de la superficie	El húmero se sitúa profundo con respecto a los músculos del brazo
Proximal	En las extremidades, lo que está más cerca de la unión con el tronco	La parte proximal en el brazo es el codo
Distal	En las extremidades, lo que está más alejado de la unión con el tronco	La parte distal en el brazo es la mano
Homolateral	Lo que está al mismo lado de la parte a la que nos referimos	El brazo izquierdo es homolateral al corazón
Contralateral	Lo que está al lado contrario de la parte a la que nos referimos	El brazo derecho es contralateral al corazón

Para establecer la terminología de la zona abdominal o cavidad abdominal, se trazan distintas líneas y cuadrantes que delimitan las nueve partes donde se localizan los órganos. Estas partes son:

- **Hipocondrio derecho:** el hígado, la vesícula biliar, el ángulo hepático del colon y profundamente el riñón derecho.
- **Epigastrio:** estómago, duodeno, páncreas y plexo solar.
- **Hipocondrio izquierdo:** bazo, cola del páncreas, ángulo esplénico del colon y profundamente el riñón izquierdo.
- **Flanco o vacío derecho:** colon ascendente y asas del intestino delgado.
- **Región umbilical o mesogastrio:** asas de intestino delgado.

- **Flanco o vacío izquierdo:** colon descendente y asas de intestino delgado.
- **Fosa ilíaca derecha:** ciego, apéndice vermiforme y anejos derechos en la mujer.
- **Hipogastrio:** epiplón mayor, asas de intestino delgado, vejiga y útero en la mujer.
- **Fosa ilíaca izquierda:** sigma y anejos izquierdos en la mujer.

Regiones abdominales

1. Hipocondrio derecho
2. Epigastrio
3. Hipocondrio izquierdo
4. Vacío derecho
5. Mesogastrio
6. Vacío izquierdo
7. Fosa ilíaca derecha
8. Hipogastrio
9. Fosa ilíaca izquierda

5. Órganos del cuerpo humano

Los órganos son un conjunto de tejidos que tienen una función específica. Están formados por músculos o membranas.

Casi todos se integran en sistemas o aparatos y se compenetran con otros órganos para desarrollar la misma función.

5.1. Función

A continuación, se detallan los distintos tipos de órganos y su función respectiva:

ÓRGANO	FUNCIÓN
Corazón	Se encarga de bombear sangre para que sea oxigenada por los pulmones y distribuirla después a través del sistema circulatorio por todo el cuerpo.
Pulmones	Tienen una función respiratoria y otra no respiratoria. La respiratoria se basa en el intercambio de oxígeno y dióxido de carbono con la sangre. En cuanto a la función no respiratoria, los pulmones actúan como filtro externo, producen moco y participan en acciones metabólicas.
Riñones	La misión del riñón es expulsar las sustancias de desecho y el exceso de sales que no son útiles, además ayuda a regular el equilibrio de los líquidos en el cuerpo así como a mantener niveles de electrolitos y a la formación de glóbulos rojos. Intervienen en el control de la presión arterial.
Hígado	Las funciones principales: - Actúa sobre el metabolismo de las proteínas, glúcidos y lípidos. - Almacena vitaminas y metales. - Ayuda a formar la bilis. - Metaboliza tóxicos, hormonas, fármacos y otras materias extrañas, para que se puedan eliminar por la orina.
Páncreas	Función digestiva y hormonal. Segrega insulina y glucagón.
Bazo	Al igual que el hígado realiza distintas funciones, entre ellas, la reserva de células sanguíneas y sangre. También es capaz de formar linfocitos y células plasmáticas, elimina de la sangre los hematíes viejos e inservibles y almacena hierro.
Intestino delgado	Se encarga de la digestión de alimentos y de la absorción de sustancias nutritivas.
Intestino grueso	Absorbe agua y transporta y evacua el material fecal.
Cerebro	Es el órgano más importante. Coordina y regula todas las funciones del organismo.

6. Aparatos y sistemas del cuerpo humano

A continuación, se describen los distintos sistemas y aparatos del cuerpo humano, así como sus funciones y las características más relevantes de cada uno de ellos.

6.1. Aparato respiratorio

La misión del aparato respiratorio es el intercambio gaseoso, eliminando el dióxido de carbono que se produce en todas las células del organismo y haciendo llegar a estas células oxígeno para nutrirlas. La respiración se realiza de manera involuntaria, regulada por el sistema nervioso, pero también puede ser controlada de forma voluntaria por la persona, forzando la musculatura abdominal y torácica. La respiración se lleva a cabo de forma cíclica, produciéndose primero la inspiración o entrada de aire a los pulmones, y después, la espiración o expulsión del aire previamente inspirado.

 Importante

Cuando inspiramos, lo hacemos de forma activa, produciendo un aumento del volumen del tórax. Su gran capacidad elástica permite que los pulmones se inflen y se desinflen de manera automática haciendo que salga el aire. A su vez, el diafragma, situado justo por debajo de los pulmones, y los músculos intercostales, provocan la ventilación.

El aparato respiratorio se subdivide en:

- **Tracto respiratorio superior.** Está formado por la nariz, la cavidad nasal y la boca, que son los encargados de captar el aire desde el exterior. En la cavidad nasal existe vello, cuya misión es calentar el aire que se inhala y retener las partículas que puedan ser adheridas al moco. En la boca encontramos tanto los dientes, encargados de desgarrar el alimento, como la lengua, que participa en la deglución y en la fonación. La garganta o faringe es una estructura tubular que conduce el aire inspirado hacia el fondo del tracto respiratorio y además sirve de canal para el paso del alimento. La laringe es una especie de conducto hueco y produce la voz. Anatómicamente se puede palpar desde fuera, situándose en la parte delantera del cuello. Todas estas estructuras están recubiertas por una membrana viscosa productora de moco, que es capaz de atrapar sustancias que se inhalan y no deben pasar al tracto respiratorio inferior, como polvo, polen o humo. El aire, calentado en la cavidad nasal, pasa por la garganta, después por la laringe y prosigue su camino por el tracto respiratorio inferior.

Tracto respiratorio superior

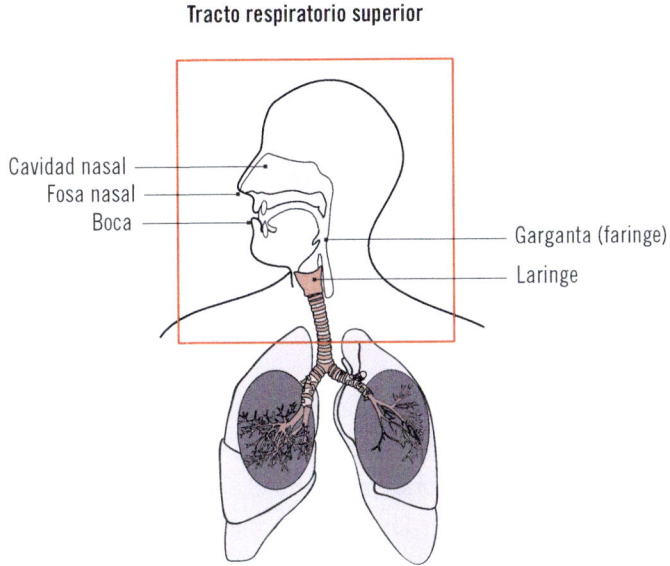

Cavidad nasal
Fosa nasal
Boca

Garganta (faringe)
Laringe

■ **Tracto respiratorio inferior.** En esta parte del sistema respiratorio se encuentra la tráquea, que es la que brinda apertura a los bronquios. La tráquea está formada por unos anillos cartilaginosos muy resistentes y una vez llegada a la entrada de los pulmones se divide de derecha a izquierda. Posteriormente, se encuentran los pulmones, que almacenan el aire inspirado para que sea intercambiado por el organismo. Los bronquios son las ramificaciones en las que se divide el pulmón en su capa profunda, y los bronquiolos, son a su vez ramificaciones de los bronquios que se encargan de dirigir el aire inspirado a los alveolos.

Definición

Alveolos
Son sacos muy vascularizados, que permiten producir el intercambio gaseoso en el pulmón.

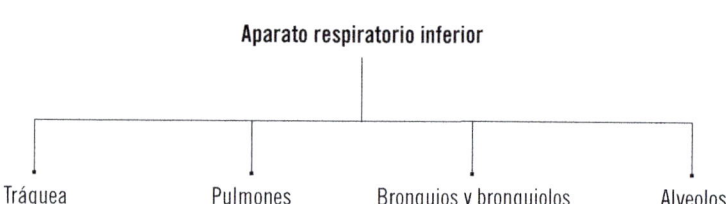

6.2. Sistema cardiocirculatorio y sistema linfático

El **sistema cardiocirculatorio** transporta el alimento y el oxígeno a las células de todo el organismo y recoge los desechos metabólicos y el dióxido de carbono de vuelta. A través de los vasos sanguíneos, la sangre circula para transportar todas estas sustancias. Como ya sabemos, la sangre es un tejido líquido.

El **sistema linfático** es un conjunto de órganos, ganglios linfáticos, conductos y vasos que se encargan de producir y de transportar linfa desde todos los tejidos del organismo hasta el torrente sanguíneo. Las amígdalas, las glándulas adenoides, el bazo y el timo son algunos de los órganos que forman parte del sistema linfático. Dentro del sistema inmunitario, este sistema es el componente principal.

 **Nota**

La linfa se encuentra en estado líquido, y tiene un color transparente y blanquecino compuesto de glóbulos blancos (linfocitos) que protegen el organismo contra las bacterias, además de un líquido llamado quilo, secretado por los intestinos y cargado de proteínas y grasas.

Los ganglios linfáticos son los encargados de la producción de las células inmunitarias, indispensables para hacer frente a las infecciones. También filtran el líquido linfático y eliminan todo el material de procedencia extraña, como bacterias o células cancerosas.

En el siguiente cuadro se detallan los componentes de la sangre y sus funciones:

COMPONENTES DE LA SANGRE Y SUS FUNCIONES	
Plasma: agua y sustancias orgánicas e inorgánicas	Los componentes de la sangre se encuentran suspendidos en él, así como los alimentos y las sustancias de desecho. Cuando se separa del resto de componentes o se coagula, se llama suero sanguíneo.
Glóbulos rojos (eritrocitos o hematíes)	Distribuyen el oxígeno. La hemoglobina les da el color rojo y les sirve para proceder con el transporte de oxígeno desde los pulmones.
Glóbulos blancos o (leucocitos)	Tienen función inmunológica, "limpiando" el organismo por diversos medios y defendiendo el sistema ante intrusos.
Plaquetas	Son fragmentos celulares de pequeño tamaño que se encargan de crear un tapón cuando se produce una herida para evitar hemorragias.

Anatomía del corazón y grandes vasos

El corazón es un órgano muscular hueco, con una forma de pirámide triangular que se encuentra detrás del hueso del esternón. En él hay cuatro cavidades: dos aurículas y dos ventrículos, separadas por un tabique y cuatro válvulas que regulan el paso de la sangre de una cavidad a otra. Estas válvulas son la tricúspide, la mitral, la pulmonar y la aórtica.

Todo el órgano está envuelto en dos capas llamadas **pericardio.**

La aorta es la arteria coronaria principal y se ramifica en las arterias coronarias derecha e izquierda, y estas, a su vez, en otras arterias más pequeñas que suministran sangre oxigenada a todo el corazón.

Importante

Para que el corazón sobreviva necesita sangre rica en oxígeno.

Partes del corazón

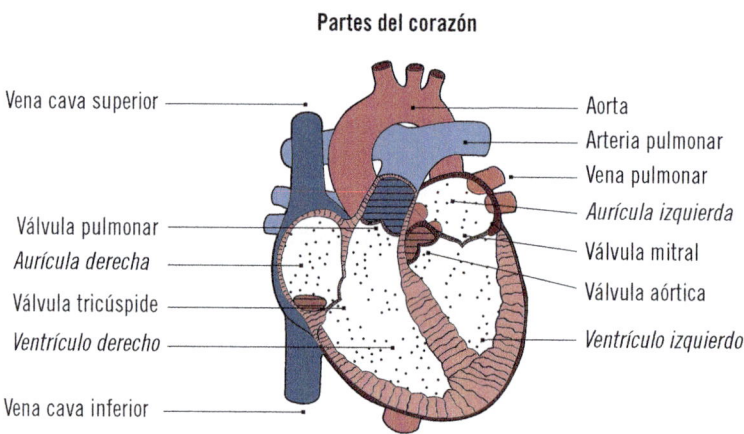

Existen varios tipos de vasos sanguíneos que, dependiendo de su tamaño, calibre, función y estructura, se clasifican en:

- **Arterias:** conducen la sangre desde el corazón hasta el resto del organismo. Las arterias más importantes son la carótida, la pulmonar, la aorta, la hepática, la mesentérica y la renal.

- **Venas:** son vasos encargados de transportar la sangre procedente de los tejidos y los órganos al corazón. En su origen, tienen un diámetro minúsculo que luego va aumentando. Las venas de mayor importancia son la vena cava superior, la vena pulmonar, la vena cava inferior, la vena hepática, la vena porta y la vena renal.
- **Capilares:** tienen el menor diámetro y se sitúan al final de las arterias y las ramas donde nacen las venas. Permiten el intercambio de sustancias entre la sangre y las células de los tejidos.

Esquema del sistema circulatorio

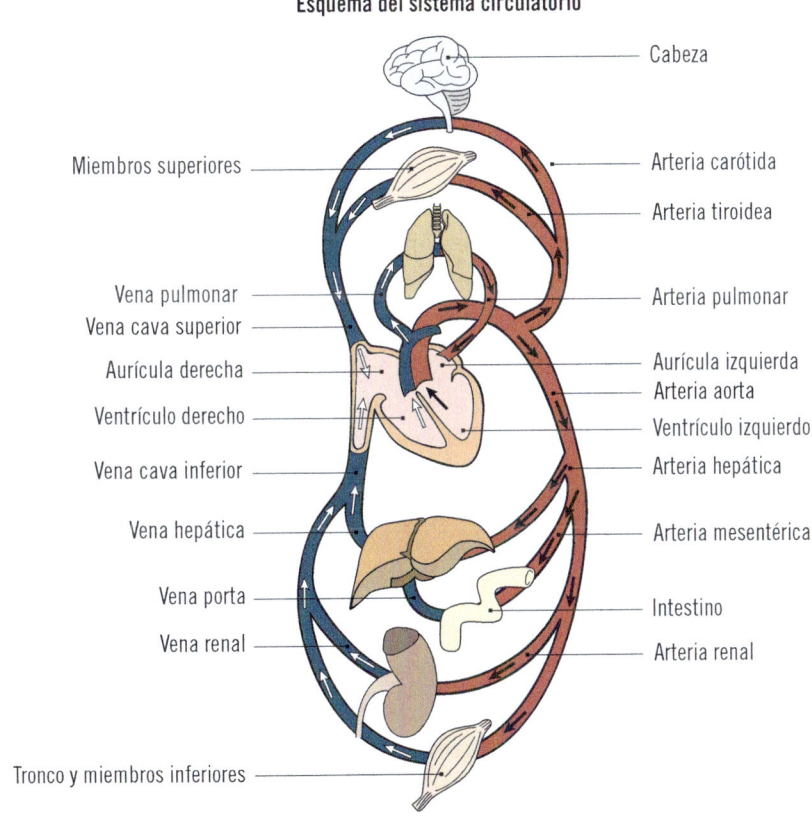

6.3. Aparato digestivo y glándulas anejas

El sistema digestivo agrupa todos los órganos cuya prioridad es promover la progresión ordenada de los alimentos, la digestión y la absorción de estos. Lo conforman el tubo digestivo y una serie de órganos accesorios como glándulas salivales, el hígado y el páncreas.

El tubo digestivo está constituido por la boca, la faringe, el esófago, el estómago, el intestino delgado, el intestino grueso o colon, el recto y el canal anal. Todo el tubo está recubierto por una capa llamada epitelio.

La digestión se inicia en la boca, con la trituración de la comida que hacen los dientes y las secreciones de las glándulas salivales que ayudan a la descomposición química y la masticación. El bolo alimenticio que se forma pasa por la faringe, luego por el esófago y llega al estómago, que tiene una capacidad de almacenaje de un litro y medio. Es aquí donde se secretan los jugos gástricos, que ayudan a convertir el alimento en una papilla llamada **quimo.** Una vez sale del estómago, el alimento sigue por el intestino delgado, que va secretando sustancias en las glándulas intestinales. La bilis y el páncreas degradan los alimentos y los transforman en componentes nutritivos digeribles. El quimo continúa por el intestino grueso, que absorbe agua y otras sustancias, hasta que llega al recto, para terminar evacuándose por el conducto anal todo lo que no ha sido digerido.

Sabía que...

Desde la boca hasta el canal anal, el tubo digestivo mide unos once metros de longitud, de los cuales, alrededor de siete le corresponden al intestino delgado, y otro metro y medio aproximadamente al intestino grueso.

6.4. Sistema nervioso

Es el encargado de que todos los sistemas realicen una actividad conjunta y efectiva. Además, junto con el sistema endocrino, se encarga de asegurar el control del organismo.

Es el responsable de las funciones intelectuales, como la memoria, las emociones y los hechos voluntarios.

Sabía que...

La función principal es la de captar y procesar rápidamente las señales ejerciendo control y coordinación sobre los demás órganos.

Estructura

El sistema nervioso está formado por:

- **La neurona:** es la unidad estructural y funcional del sistema nervioso y se divide en tres partes: cuerpo (o soma), las dendritas, que son prolongaciones muy numerosas y ramificadas que reciben estímulos, y el axón, que conduce los impulsos de la neurona a otras células.
- **Las células de glía o neuroglia:** suponen el sostén de las neuronas. De los distintos tipos de neuroglias que existen, unas sirven de soporte y metabolismo de las neuronas, otras ayudan a la formación de sus componentes, algunas son fagocitos y otras recubren partes del sistema nervioso como el encéfalo.

Neurona

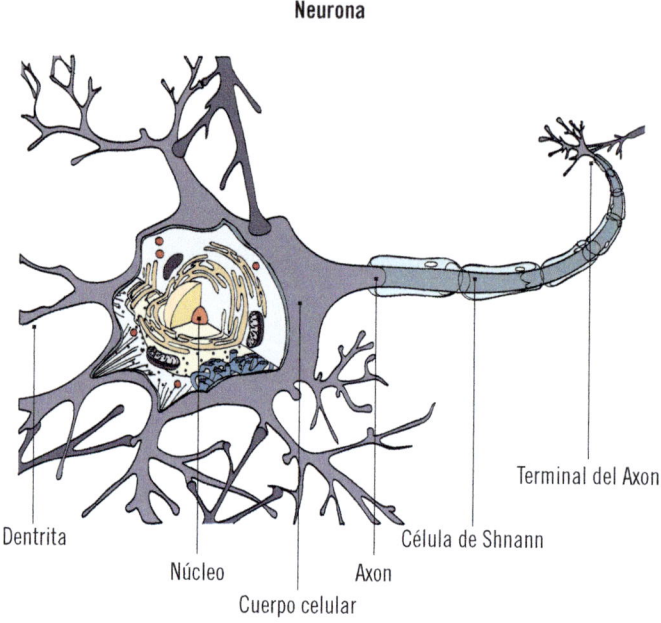

Dentrita

Núcleo

Cuerpo celular

Axon

Célula de Shnann

Terminal del Axon

Clasificación

El sistema nervioso se divide en:

- **Sistema nervioso central (SNC):** está formado por el encéfalo y la médula espinal y lo protegen las meninges, el cráneo y la columna vertebral.
- **Sistema nervioso periférico (SNP):** está compuesto por los nervios (axones) y sus ganglios. Los nervios periféricos son agrupaciones de fibras sensoriales que transmiten información desde las distintas partes del cuerpo hasta el SNC, y a la inversa, desde las fibras motoras hasta las células efectoras. Los nervios periféricos se dividen en dos grandes grupos: los nervios o pares craneales que están en el encéfalo y los nervios raquídeos o espinales que provienen de la médula espinal. Este, a su vez, se divide en:

  - **Sistema nervioso somático:** registra la información referente a los estímulos del medio externo recogida por los receptores sensoriales. Se puede controlar de forma consciente.

▮ **Sistema nervioso autónomo:** regula las funciones internas de la vida vegetativa (respiración, digestión, circulación, excreción, etc.) que no están sometidas a la voluntad. Está integrado por el sistema nervioso simpático, que provoca el mantenimiento del tono muscular, la estimulación del cierre de los esfínteres y la eyaculación; y el sistema nervioso parasimpático, que interviene en el aumento de la motilidad del tubo digestivo, la erección o la inhibición del cierre de los esfínteres.

7. Aparato locomotor

El aparato locomotor o sistema musculoesquelético permite los movimientos y los desplazamientos, además de servir de soporte y protección al resto de las estructuras de nuestro organismo.

Está constituido por un conjunto de huesos, músculos, articulaciones, tendones y ligamentos.

El esqueleto además tiene como función el almacenaje de productos metabólicos del calcio y fosfatos.

7.1. Huesos

El esqueleto está formado por 206 huesos, sin contar las piezas dentarias y otros huesos como los sesamoideos (rótula) o los suturales (en las suturas craneales).

 Sabía que...

Los esqueletos del hombre y de la mujer son básicamente iguales, con la diferencia de que los huesos femeninos son más ligeros y finos, y la pelvis es más ancha y profunda que la del hombre para facilitar el parto.

La mayoría de los huesos están conectados unos a otros por medio de articulaciones.

Los huesos se pueden clasificar por su forma. Así, se encuentran huesos largos, como el fémur o el húmero, planos como el omóplato o los huesos del cráneo, cortos como los del carpo o el tarso, e irregulares como las vértebras.

7.2. Músculos

El cuerpo humano está formado por más de 650 músculos individuales, todos ellos fijados al esqueleto. Proporcionan el impulso necesario para poder movernos.

Constituyen en 40 % del peso total del cuerpo y el órgano con mayor capacidad de adaptación.

 Nota

Los músculos pueden ser de distinto tipo dependiendo del movimiento que realicen, como por ejemplo los flexores, los extensores, los abductores (separan el miembro de la línea media), aductores (acercan el miembro a la línea media), rotadores, elevadores, depresores o esfínteres.

En el siguiente esquema se detallan algunas de las funciones de los músculos:

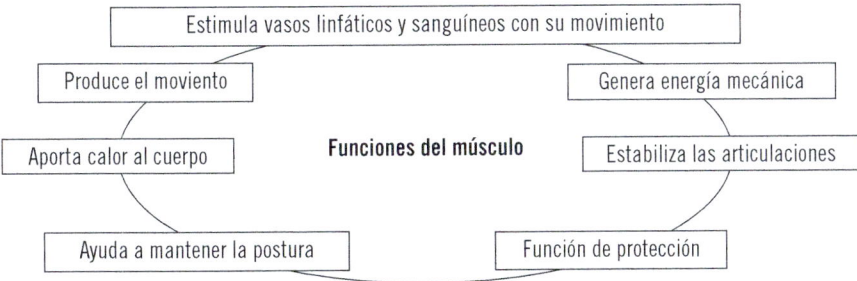

Los músculos se insertan a los huesos por medio de tendones y entre los más relevantes se encuentran:

- El frontal y el masetero, involucrado en la masticación, se ubican en la cabeza.
- El esternocleidomastoideo, en el cuello y el trapecio, que desciende por la zona cervical.
- El deltoides, que rodea el hombro como una coraza junto con el bíceps y el tríceps en los brazos.
- El músculo dorsal, que ocupa buena parte de la espalda y el lateral del cuerpo, los abdominales oblicuos y el abdominal mayor.
- El glúteo mayor se encuentra en el trasero, y el sartorio, los cuádriceps, el vasto externo e interno, los aductores, los gemelos y el tibial anterior en los miembros inferiores.

Músculos más importantes del cuerpo

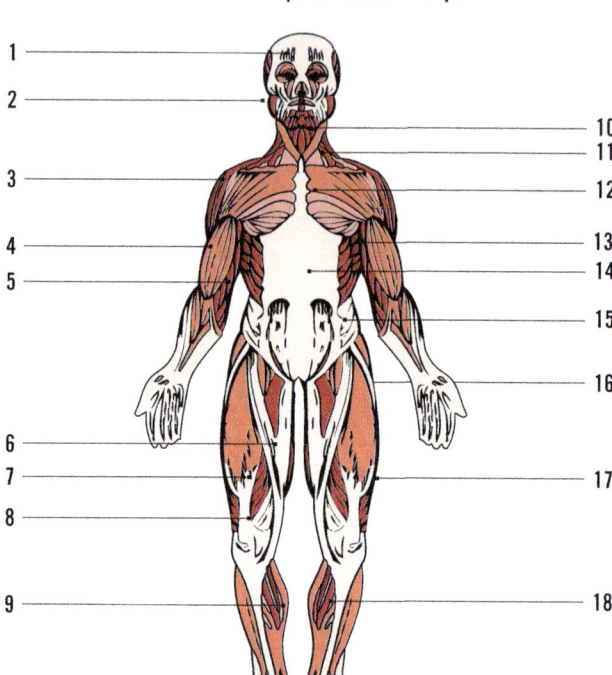

1. Frontal	10. Esternocleidomastoideo
2. Masetero	11. Trapecio
3. Deltoides	12. Pectoral mayor
4. Bíceps	13. Dorsal
5. Tríceps	14. Abdominal mayor
6. Aductores	15. Adominales oblícuos
7. Cuádriceps	16. Glúteo mayor
8. Vasto interno	17. Vasto externo
9. Gemelos	18. Tibial anterior

7.3. Articulaciones

Son el punto de unión de dos o más huesos entre sí, dándole movilidad y estabilidad a los segmentos óseos que se relacionan en ellas.

Pueden ser articulaciones fijas, como las del cráneo, semimóviles como las vértebras, o móviles, como la de la rodilla entre otras.

En la siguiente tabla se describe la clasificación, características y ejemplos de los distintos tipos de articulaciones:

TIPO DE ARTICULACIÓN	CARACTERÍSTICAS	CLASES Y EJEMPLOS DE ARTICULACIÓN
Fijas	Son rígidas.	*Gonfosis:* dientes-mandíbulas *Suturas:* huesos del cráneo *Sindesmosis:* tibia-peroné
Semimóviles	Movilidad escasa. Los huesos aparecen unidos por un cartílago muy elástico.	*Anfiartrosis:* vértebras *Diartroanfiostrosis:* pubis
Móviles	Permiten un gran número de movimientos. Son las más abundantes en el cuerpo. Son las más frágiles.	*Enartrosis:* húmero *Condilartrosis:* movimiento en dos direcciones *Trocleartrosis:* codo o rodilla *Encaje recíproco:* la superfice de un hueso es cóncava y la otra convexa *Trocoides:* 1ª y 2ª vértebra *Artrodias:* movimiento de deslizamiento

8. Sistema endocrino

Está formado por un conjunto de glándulas endocrinas generadoras de hormonas. Tiene como objetivo regular y coordinar el crecimiento, el desarrollo y las funciones de muchos tejidos así como los procesos metabólicos del organismo.

Por norma general, las células secretoras de hormonas se organizan en glándulas endocrinas aunque hay algunas que no están agrupadas en estructuras determinadas, como por ejemplo, las células que forman el páncreas.

Nota

Algunos efectos hormonales se producen en segundos y otros requieren días, meses o incluso años para iniciarse.

Podemos decir que las hormonas son como mensajeros químicos, que se desplazan por el torrente sanguíneo hasta que llegan a las llamadas células diana, con receptores específicos para captar esa hormona.

Existe un gran número de glándulas y células endocrinas, las cuales se indican en la imagen.

Sistema endocrino

Pineal — Hipotálamo / Pituitaria

Tiroides — Paratiroides

Timo

Adrenal — Riñón — Páncreas

Ovario

Testículo

9. Sistema urogenital

Cuando se hace referencia a los aparatos reproductor y excretor o urinario, en muchas ocasiones se unen ambos conceptos en el término urogenital, debido a que comparten algunas de sus estructuras y funciones. Por ejemplo la uretra en el hombre, está destinada tanto a la reproducción como a la excreción.

9.1. Aparato urinario

Es el conjunto de órganos que producen y excretan orina, el principal líquido de desecho del organismo. Regulan el equilibrio electrolítico, la tensión arterial y estimulan la producción de glóbulos rojos. Se compone de los órganos secretores, que son los riñones y la vía excretora, formada por los uréteres, la vejiga urinaria y la uretra que expulsan la orina al exterior.

Los riñones no son exactamente iguales, y por lo general el izquierdo es un poco más voluminoso, llegando a diferenciarse hasta en 2 cm.

De ellos salen los uréteres y los vasos sanguíneos (arteria y vena renal).

 Nota

A partir de 200 ml de orina, la vejiga comienza a enviar señales para activar el reflejo de micción.

La cantidad normal de orina eliminada en 24 horas es de casi un litro y medio, aunque puede variar dependiendo de cuánto líquido se haya ingerido y qué pérdidas se han producido por sudoración o vómitos.

Desde los riñones, la orina pasa hasta la vejiga a través de los uréteres; una vez en la vejiga se puede almacenar alrededor de 400 cc de orina. Finalmente, la orina saldrá de la vejiga a través de la uretra, diferenciándose notablemente el tamaño de esta entre hombres y mujeres ya que la uretra femenina mide unos 3,5 cm y la masculina cerca de 12 cm.

Localización de los riñones, uréteres y vejiga

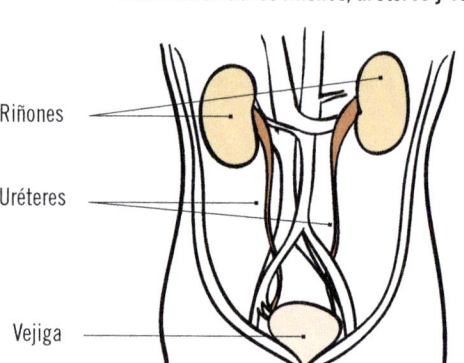

Riñones

Uréteres

Vejiga

9.2. Aparato genital

Debemos distinguir entre el aparato reproductor masculino y el femenino.

Aparato reproductor femenino

Su misión principal es generar el óvulo, albergar el óvulo fecundado, y dar nutrientes al embrión y al feto mientras dura la gestación.

Lo conforman los órganos genitales internos y los órganos genitales externos. Los genitales internos son los ovarios, el útero, las trompas de Falopio y la vagina. Los genitales externos son los labios mayores, los labios menores, el monte de Venus, el clítoris, el vestíbulo y el bulbo del vestíbulo.

También cabe destacar las glándulas mamarias, que aunque no sean órganos genitales como tal, son importantes como caracteres secundarios femeninos, ya que tienen mucha relevancia en el periodo gestacional y posterior.

Otra de las secuencias de acontecimientos importantes en las que actúa el aparato reproductor femenino es el ciclo menstrual, en el que intervienen un gran número de hormonas con el fin de producir óvulos en los ovarios para ser fecundados e implantados en el útero, desarrollando así el embrión.

Aparato reproductor femenino

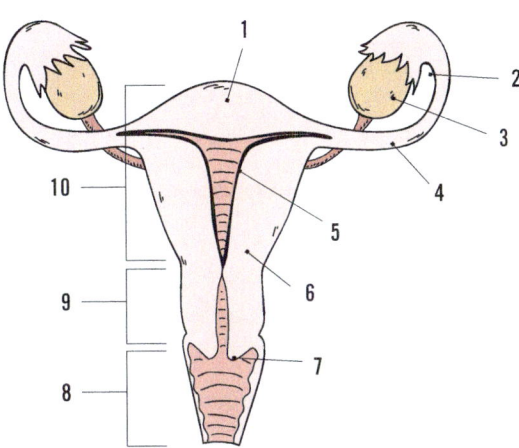

1. Fondo
2. Fimbrías
3. Ovario
4. Trompa de Falopio
5. Endometrio
6. Miometrio
7. Conducto cervical
8. Vagina
9. Cuello del útero
10. Cuerpo del útero

Aparato reproductor masculino

En él también se distingue entre genitales internos y externos.

Los internos son los testículos, los epidídimos, los conductos deferentes, las vesículas seminales, el conducto eyaculador, la próstata, la uretra y las glándulas bulbouretrales. Los externos son el pene y el escroto.

? **Sabía que...**

El testículo izquierdo es casi siempre más pequeño que el derecho y se suele encontrar más descendido.

Aparato reproductor masculino

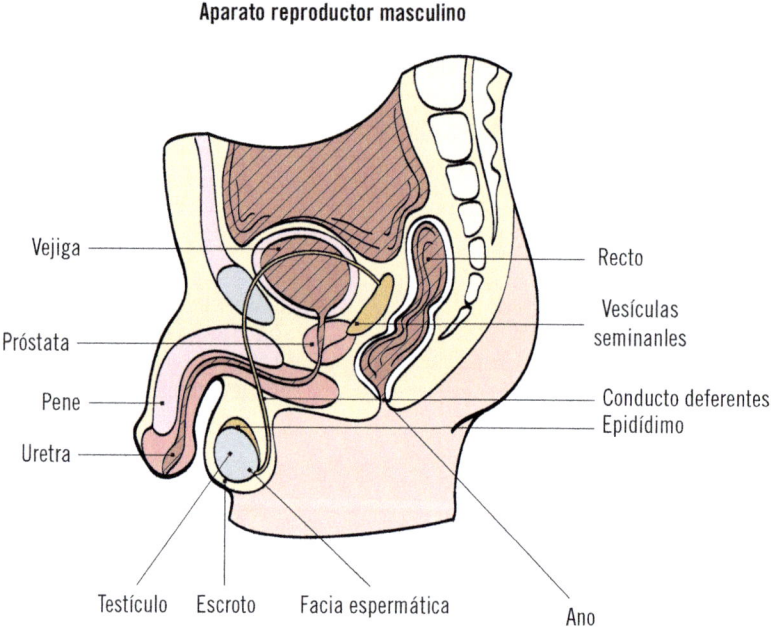

Vejiga	Recto
Próstata	Vesículas seminanles
Pene	Conducto deferentes
	Epidídimo
Uretra	

Testículo Escroto Facia espermática Ano

10. Sistema tegumentario y anejos cutáneos

El sistema tegumentario o la piel es el órgano más extenso del cuerpo humano, recubriéndolo en su totalidad.

Tiene función protectora, control del balance hídrico y de la temperatura corporal.

?   Sabía que...

La superficie total de la piel en un adulto de estatura y peso medio es desde 1,5 a 1,9 m^2, pudiendo llegar a pesar en su totalidad unos 14 kilogramos.

En él se alberga el sentido del tacto y además interviene en el metabolismo del la vitamina D.

Está formado por tres capas:

- **Epidermis:** es la capa más externa de la piel que provee resistencia y protección; las células que la conforman se reemplazan por completo cada 28 días. Contiene la melanina, que es el pigmento que da color a la piel, los ojos y el pelo.
- **Dermis:** es la capa intermedia y en ella se encuentran los vasos sanguíneos y los vasos linfáticos, los folículos pilosos y las glándulas sebáceas, las glándulas sudoríparas, el colágeno y la elastina que facilitan el movimiento y los nervios.
- **Hipodermis o tejido subcutáneo:** es la capa más profunda de la piel. También se pueden encontrar en ella vasos sanguíneos y glándulas sudoríparas entre otros. Ayuda a conservar el calor corporal y amortigua los impactos.

En cuanto a los anejos cutáneos, se encuentra el **cabello,** que es un tipo modificado de piel y puede crecer en todo el cuerpo, salvo en las palmas de las manos y los pies.

Las **uñas,** como el cabello, son un tipo de piel modificada que protege contra lesiones y ayuda a coger objetos pequeños.

11. Órganos de los sentidos

Los órganos de los sentidos son los encargados de percibir los distintos estímulos externos.

Para cada tipo de estímulo existe un órgano especializado con unos receptores sensoriales específicos:

- **Tacto.** En la piel encontramos los receptores encargados de captar la presión, el dolor, el frío y el calor.
- **Vista.** A través del ojo, se recogen los estímulos luminosos que se procesan en un complejo sistema.
- **Olfato.** Los receptores olfativos se encuentran situados en la mucosa nasal.
- **Oído.** Este sentido tiene los principales órganos de captación de las ondas sonoras en el órgano del oído, cuya parte externa, el pabellón auditivo, recoge el sonido para transmitirlo a través de un complejo sistema de huesecillos que lo transforman y descifran.
- **Gusto.** Los receptores encargados de este sentido son las papilas gustativas, que se encuentran en la lengua y en menor número, en la faringe. Se diferencian por el sabor que captan, que puede ser el dulce, el salado, el amargo o el agrio.

 Sabía que...

La vista en el ser humano, no está tan desarrollada como en otras especies animales.

Aplicación práctica

De los siguientes órganos y partes del cuerpo, diga en qué posición se encuentran unos respecto a otros. Para ello, utilice las palabras del siguiente cuadro:

Anterior   Lateral   Cefálico   Proximal   Distal

Ejemplo: el corazón se encuentra posterior al esternón.

El esternón se encuentra _____ al corazón.
El esternón se encuentra _____ al estómago.
El tobillo se encuentra _____ con respecto a la cadera.
El bíceps se encuentra _____ al hombro.
El pulmón derecho está _____ al izquierdo.

SOLUCIÓN:

1. Anterior
2. Cefálico
3. Distal
4. Proximal
5. Lateral

Aplicación práctica

Relacione cada órgano con su función.

a. Corazón
b. Riñones
c. Pulmones
d. Cerebro
e. Hígado
f. Páncreas

Continúa en página siguiente >>

<< Viene de página anterior

g. Bazo
h. Intestino

__ Metaboliza productos tóxicos
__ Reserva de células sanguíneas y sangre
__ Expulsa sustancias de desecho
__ Tiene funciones digestivas y hormonales
__ Intercambia oxígeno y nutrientes en todo el organismo
__ Coordina las funciones del organismo
__ Absorbe agua y transporta y evacua materia
__ Intercambia gases

SOLUCIÓN

e. Metaboliza productos tóxicos
g. Reserva de células sanguíneas y sangre
b. Expulsa sustancias de desecho
f. Tiene funciones digestivas y hormonales
a. Intercambia oxígeno y nutrientes en todo el organismo
d. Coordina las funciones del organismo
h. Absorbe agua y transporta y evacua materia
c. Intercambia gases

Aplicación práctica

Agrupe según el aparato o sistema al que pertenezca.

Boca	Uréter	Neurona	Nervio	Cabello	Vejiga	Próstata	Vagina	Ojo	Lengua
Bíceps	Fémur	Aorta	Bronquio	Rótula	Rodilla	Tiroides	Timo	Uña	Colon

Continúa en página siguiente >>

<< Viene de página anterior

Sistema Nervioso	
Sistema Respiratorio	
Sistema Cardiocirculatorio	
Sistema Linfático	
Sistema Endocrino	
Sistema Digestivo	
Sistema Tegumentario	
Sistema musculoesquelético	
Sistema Urogenital	
Órganos de los sentidos	

SOLUCIÓN

Sistema Nervioso	Neurona, nervio
Sistema Respiratorio	Bronquio
Sistema Cardiocirculatorio	Aorta
Sistema Linfático	Timo
Sistema Endocrino	Tiroides
Sistema Digestivo	Boca, colon
Sistema Tegumentario	Cabello, uña
Sistema musculoesquelético	Bíceps, fémur, rótula, rodilla
Sistema Urogenital	Uréter, vejiga, próstata, vagina
Órganos de los sentidos	Ojo, lengua

12. Resumen

La teoría celular establece que la célula es la unidad estructural y funcional de los seres vivos.

Las células se agrupan formando tejidos, que pueden ser de tipo conectivo, epitelial, muscular, nervioso y sanguíneo, siendo este un tipo de tejido líquido. Los tejidos se agrupan formando órganos. Los órganos a su vez se agrupan en sistemas o aparatos.

Así, en este capítulo hemos estudiado el sistema respiratorio, el sistema cardiocirculatorio, el aparato digestivo, el sistema nervioso, el aparato locomotor, el sistema endocrino, el aparato genital femenino y masculino, la piel y los órganos de los sentidos que son la vista, el oído, el olfato, el tacto y el gusto.

Ejercicios de repaso y autoevaluación

1. De las siguientes, indique cuál no forma parte de la estructura de la célula:

   a. Membrana celular
   b. Citoplasma
   c. Núcleo
   d. Plaqueta

2. A qué tipo de tejido corresponde la siguiente descripción: "Está formado por distintos tipos de células, separadas por un material que ellas mismas crean".

   a. Tejido nervioso
   b. Tejido epitelial
   c. Tejido muscular
   d. Tejido conjuntivo

3. Si dividiéramos el cuerpo en dos partes no iguales, en las que el cuerpo quedara seccionado en una parte anterior y otra posterior, diríamos que hemos realizado un corte desde el plano...

   a. ... sagital o medial.
   b. ... frontal o coronal.
   c. ... transversal o medial.
   d. ... horizontal o transversal.

4. ¿Cuál es el orden correcto de las partes del tracto respiratorio superior?

   a. Nariz, cavidad nasal, boca, garganta, faringe y laringe.
   b. Cavidad nasal, boca, nariz, garganta o laringe y faringe.
   c. Nariz, cavidad oral, cavidad nasal, garganta o faringe y laringe.
   d. Nariz, cavidad nasal, boca, garganta o faringe y laringe.

5. **De las siguientes afirmaciones, diga cuál es falsa con respecto al sistema tegumentario.**

    a. Tiene función protectora.

    b. Tiene función de control de balance hormonal.

    c. Está relacionado con el sentido del tacto.

    d. Interviene en el metabolismo de la vitamina D.

Capítulo 3

Fisiopatología aplicada a la valoración inicial del paciente en urgencias o emergencias sanitarias. Patologías más frecuentes que requieren tratamiento de urgencias

Contenido

1. Introducción

En el trabajo que se realiza en el campo de las urgencias y emergencias sanitarias, el técnico va a encontrarse con una serie de patologías que debe identificar para saber qué actuación desarrollar en cada caso.

El concepto se salud y enfermedad será percibido por cada usuario de una forma distinta. Existirán casos en que la persona considere que la patología que lo afecta debe ser tratada con extrema rapidez, no siendo así a efectos médicos. Esto no significa que se deba posponer la asistencia, pero se debe saber diferenciar las patologías por su premura y su capacidad para producir complicaciones graves.

A lo largo de esta unidad, se estudiará cómo se originan las principales enfermedades y los signos y síntomas que las diferencian.

2. Salud y enfermedad

La salud es un término muy complejo que se aborda desde diversas perspectivas, presentándose distintos enfoques centrados en aspectos biológicos, mecánicos, sociales, etc. La OMS (Organización Mundial de la Salud) define la salud como "un completo estado de bienestar físico, mental y social y no la mera ausencia de molestia o enfermedad". Por considerarse una definición demasiado utópica, se acepta la puntualización de Terris, como "un estado de bienestar físico, mental y social con capacidad de funcionamiento y no solo la ausencia de enfermedad o achaque".

Sabía que...

Milton Terris fue un médico nacido en 1915 dedicado a la epidemiología, que propuso nuevos conceptos sobre salud pública y salud social, discrepando con los propuestos por la OMS. Fue presidente de la Asociación Americana de Salud Pública.

Se podría decir que la enfermedad es un desajuste en cuanto al funcionamiento adecuado del organismo desde el punto de vista fisiológico, psicológico, sociológico y/o ambiental y se manifiesta por síntomas y signos más o menos característicos. La enfermedad puede ser **aguda,** que empieza de manera rápida y suele tener una duración corta, o **crónica,** iniciándose de forma rápida o lenta, pero sin cura y evolución dilatada, llegando en algunos casos a producir la muerte en un plazo de tiempo más o menos largo.

3. Etiología y patogenia de la enfermedad

La **etiología** es la causa que va a provocar la aparición del proceso de enfermedad. Se pueden distinguir varios grupos de enfermedades según su etiología:

- **Enfermedades exógenas:** son aquellas relacionadas con la acción directa del agente sobre el huésped.
- **Enfermedades endógenas:** la alteración se produce en el propio organismo por una variación en los sistemas de regulación interna.
- **Enfermedades ambientales:** se atribuye a todos los factores del medio ambiente que influyen sobre el individuo.
- **Enfermedades multifactoriales:** la enfermedad se presenta como fruto de la interacción de varios agentes.

GRUPOS ETIOLÓGICOS Y FACTORES CAUSANTES	
Enfermedades exógenas	Infecciones (víricas, bacterianas, parasitarias), tóxicos, traumatismos, alergias, iatrogénicas.
Enfermedades endógenas	Genéticas, congénitas, nutricionales, metabólicas, degenerativas, autoinmunes, inflamatorias, endocrinas, mentales.
Enfermedades ambientales	Medioambiente, enfermedades profesionales, mecánico-posturales.
Etiología multifactorial	Neopláscias, del desarrollo, idiopáticas, psicosomáticas...

Clasificación de los grupos etiológicos y los factores desencadenantes

La patogenia se define como la representación de mecanismos alterados de la fisiología normal, dando lugar a un proceso patológico promovido por una causa.

4. Semiología: síntomas y signos de enfermedad

La semiología es la ciencia que estudia los síntomas y signos de las enfermedades.

 Nota

Los síntomas son sensaciones subjetivas de la enfermedad (por ejemplo: dolor, picor, tensión...). Los signos son manifestaciones objetivas o físicas de la enfermedad (por ejemplo, fiebre, deformidad, enrojecimiento...).

El conjunto de signos y síntomas forman un síndrome.

El mayor objetivo de la semiología es llegar al diagnóstico de la enfermedad analizando los síntomas y signos que se presenten con la dolencia.

Hay que tener en cuenta que un síntoma va a ser descrito por un paciente de forma muy diversa y muchas de las sensaciones que describen los individuos pueden ser difusas. En ocasiones no van a orientar a un diagnóstico, sino todo lo contrario.

Gracias a la semiología y un examen físico y psíquico del paciente, se puede delimitar la patología del sujeto, pero son más útiles los signos, ya que son manifestaciones objetivas y pueden ser apreciadas por cualquier profesional.

Importante

Se puede usar uno de los síntomas más significativos de cara al examen clínico, como es el dolor. El dolor es totalmente subjetivo, y cada persona puede percibir una patología similar con una intensidad distinta. En una angina de pecho, el paciente referirá dolor de tipo opresivo en el pecho, también puede percibirse en el cuello, en el brazo e incluso en la espalda. Alguno lo apreciará como un dolor insoportable y otros como una molestia. Como se sabe, es una patología grave y será preciso observar otros signos que nos puedan ayudar en el diagnóstico, como sudoración, taquicardia o alteraciones del ritmo cardíaco.

Existen una serie de escalas gráficas que se aplican en la clínica para determinar qué grado de dolor tiene el paciente. No se trata de saber si el dolor es muy alto, ya que esto es algo subjetivo, sino de conocer si tras tratar este dolor, el paciente lo siente en un grado menor. En un adulto se puede usar una escala numérica del 1 al 10, siendo el 10 un dolor extremadamente insoportable. En el caso de los niños, en la escala aparecen unos dibujos con distintas caras que evolucionan desde una imagen tranquila hasta el llanto, indicando esta un dolor muy fuerte.

 Ejemplo

Tras una fractura se trataría de conocer si después de haber tratado e inmovilizado el miembro, el dolor ha disminuido.

Escala de rostros del dolor

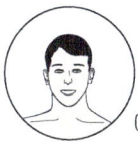 0. Muy contento, sin dolor

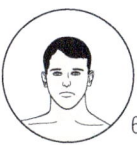 6. Siente aún más dolor

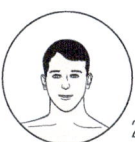 2. Siente solo un poquito de dolor

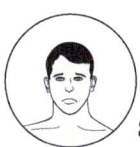 8. Siente mucho dolor

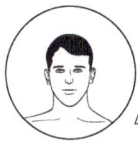 4. Siente un poco más de dolor

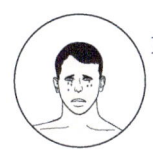 10. El dolor es el peor que puede imaginarse (no tiene que estar llorando para sentir este dolor tan fuerte)

Escala de determinación del dolor en pediatría

5. Fases de la enfermedad

Existen distintos periodos o fases dentro del proceso de enfermedad. Estas fases son:

- **Fase prepatogénica:** se produce antes de que aparezcan las primeras manifestaciones clínicas. Depende de las condiciones ambientales, del estado del agente causante de la enfermedad y del huésped. En esta fase, se podría hablar de los factores de riesgo a los que se somete el individuo.
- **Fase patogénica:** comienza cuando entran en contacto el individuo y el agente causante de la enfermedad. Aquí se observan lesiones anatómicas o funcionales que pueden pasar desapercibidas para el individuo.
- **Fase prodrómica:** empieza a observarse una sintomatología general, y resulta difícil determinar cuál es la patología que está causando los signos.
- **Fase clínica:** aparecen síntomas y signos específicos, lo que será determinante para dar un diagnóstico de la enfermedad presente así como designar un tratamiento para conseguir la eliminación de esta patología.

■ **Fase de resolución:** es la etapa final, en ella pueden suceder tres cosas: que la enfermedad remita, se cronifique o de lugar al fallecimiento de la persona.

6. Fisiología y patología de los aparatos y sistemas del cuerpo humano

En el siguiente apartado se estudia el funcionamiento de los sistemas y aparatos del cuerpo humano. No solo se incluye la forma en que actúa cada uno de ellos para llevar a cabo sus funciones, sino también cuáles son algunas de las patologías de mayor prevalencia en las emergencias.

6.1. Fisiopatología del sistema cardiocirculatorio

El estudio de los distintos sistemas se inicia en este punto con el aparato cardiocirculatorio, cuya función es movilizar la sangre oxigenada a través de todo el cuerpo, y recoger la sangre no oxigenada y productos de desecho.

Ciclo cardíaco. Trastornos del ritmo cardiaco

El **ciclo cardíaco** comprende el periodo desde el final de una contracción hasta el final de la siguiente contracción. En cada ciclo, la parte izquierda y la parte derecha del corazón funcionan de manera sincronizada con el objetivo de producir el movimiento de la sangre a través del organismo.

Existen dos fases, la diástole que es el movimiento de relajación del corazón y la sístole que es el movimiento de contracción.

La variación de diversa importancia en el ritmo cardíaco se llama arritmia. Si se eleva el ritmo normal se llama taquiarritmia y si disminuye se habla de bradiarritmia. El trastorno más grave del ritmo cardíaco es el bloqueo cardiaco completo, que se puede corregir con la colocación de un marcapasos artificial. En los pacientes que hayan sufrido infartos es necesario tratamiento crónico.

Movimientos cardíacos de sístole y diástole

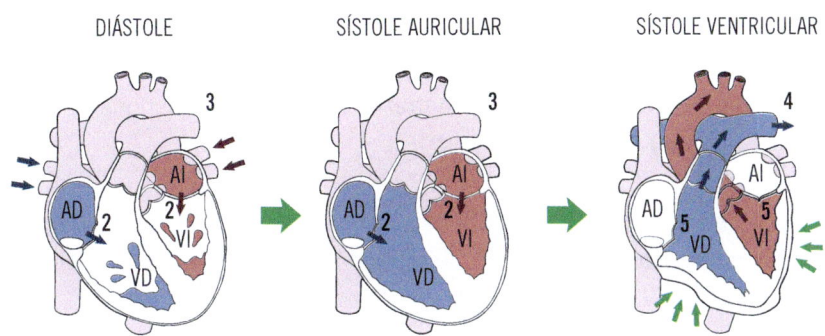

1. Entrada de sangre
2. Válvulas auriculo-ventriculares abiertas
3. Válvulas semilunares cerradas
4. Válvulas semilunares abiertas
5. Válvulas auriculo-ventriculares cerradas

Circulación sanguínea. La sangre. Grupos sanguíneos. Hemorragias

La **circulación sanguínea** es el proceso que se lleva a cabo para hacer llegar la sangre al organismo. Este proceso se hace a través de dos circuitos bien diferenciados, el de la circulación pulmonar o menor y el de la circulación general, sistémica o mayor. En el primero, la sangre pobre en oxígeno llega hasta el corazón, a través de la vena cava, pasa por la aurícula y ventrículo derecho y se distribuye a los pulmones, donde se oxigenará para volver al corazón a través de las arterias pulmonares, pasa por la aurícula y ventrículo izquierdo y de ahí será distribuida por la aorta hacia todo el cuerpo.

Los grupos sanguíneos están establecidos por los antígenos que se encuentran o no en la superficie de la membrana de los hematíes o glóbulos rojos.

 Sabía que...

En el adulto sano, el volumen aproximado de sangre son 5 litros, un 8 % de su peso corporal total.

Estos antígenos determinan el grupo A, B o 0. Otros antígenos presentes en el plasma darán lugar al Rh. El Rh indica si las células sanguíneas contienen en su superficie dicho antígeno Rh, en caso de no tenerlo, se dirá que el individuo tiene Rh negativo, y por el contrario, si sus células disponen de dicho antígeno (proteína) será Rh positivo.

Dentro de los grupos sanguíneos existentes, el 0- es el donante universal, ya que es compatible con el resto de grupos sanguíneos. El grupo AB+ es el receptor universal y puede recibir sangre de todo el mundo.

 Importante

Las células sanguíneas del grupo 0 carecen de antígenos de superficie, y cuando coincide que su Rh es negativo esto indica que tampoco tienen antígenos Rh, de manera que pueden ser asumido por otros individuos cualquiera que sea su grupo, porque su sistema no reconocerá esas células sanguíneas al carecer totalmente de antígenos.

Grupos sanguíneos.
Antígenos de cada grupo sanguíneo

Antígeno A

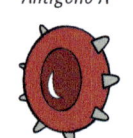

TIPO SANGUÍNEO A

Antígeno B

TIPO SANGUÍNEO B

Antígeno AB

TIPO SANGUÍNO AB

Sin antígenos

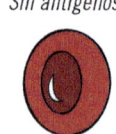

TIPO SANGUÍNEO 0

Una **hemorragia** es la salida abrupta de sangre del cauce o vasos sanguíneos por el que debería discurrir. Cuando esto se produce, uno de los componentes sanguíneos, las plaquetas, intentan crear un tapón para evitar la salida de sangre. Sin embargo, en ocasiones, bien porque pase desapercibido al ser una hemorragia interna, o bien porque el caudal que se desprende de sangre es demasiado grande, las plaquetas y el resto de componentes implicados en la coagulación de la sangre no podrán detener el sangrado comprometiendo así la vida de la persona.

Nota

La pérdida de sangre puede producirse al medio externo, a través de una herida o al medio interno, provocando las hemorragias internas. También puede darse por orificios naturales del cuerpo como la boca, las fosas nasales, el ano, la vagina, etc.

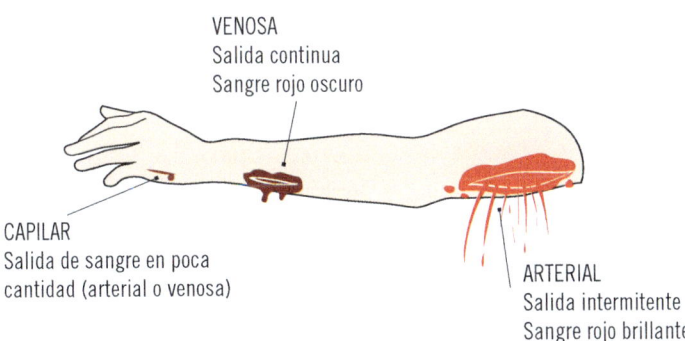

Tipos de hemorragias

VENOSA
Salida continua
Sangre rojo oscuro

CAPILAR
Salida de sangre en poca
cantidad (arterial o venosa)

ARTERIAL
Salida intermitente
Sangre rojo brillante

Ante una hemorragia, es muy importante conocer una serie de procedimientos indispensables. Si se produce sangrado a través de algún orificio natural, la causa podría ser una hemorragia interna y habrá entonces que depositar al individuo con urgencia en un punto de asistencia médica. Si la hemorragia es visible, se realizará presión directa sobre la zona de sangrado, con una gasa o material estéril o lo más limpio posible. Nunca se debe hacer un torniquete como primer recurso. Solo se utilizará en caso de amputación del miembro. En este caso, es importante anotar la hora en que se hizo el torniquete. El torniquete se aplicará unos centímetros por encima de la amputación. Ejerciendo solo la presión necesaria para detener el sangrado. Se deberá siempre usar un trapo y un palo, con el cual se irá girando el trapo hasta conseguir el cese del sangrado. Es importante que esta presión se pueda hacer de forma paulatina, para no presionar más de lo necesario y evitar dañar el tejido viable si es que lo hubiera. No es necesario aflojar el torniquete cada 10-20 minutos, ya que en caso de amputación, no precisamos restablecer flujo sanguíneo al no haber miembro al que irrigar. Solo en el caso de una situación en la que el herido se encuentre en un punto de difícil acceso, en el que se prevea la demora de asistencia, se podría realizar un torniquete en el caso de una herida profunda que no deje de sangrar con presión directa, en este caso, sí que sería preciso aflojar el torniquete cada 10-20 minutos para permitir el riego a las zonas distales de la zona herida.

 Importante

Si el paciente se encuentra en estado obnubilado, sudoroso, frío y pálido, podemos sospechar una hemorragia interna.

Torniquete

Recuerde

Ante cualquier herida con sangrado abundante, la actuación a seguir es la presión directa sobre la herida. El torniquete solo se utilizará en caso de amputación del miembro; es necesario anotar la hora en que se realizó el torniquete.

Circulación linfática

El sistema linfático es el circuito a través del cual circula la linfa, que es líquido compuesto de diversas células y productos de desecho provenientes de los órganos, que no pueden ser recogidos por el sistema circulatorio. La circulación linfática, al contrario que la circulación sanguínea, no es un sistema cerrado, recogiendo dichos líquidos de desecho y depositándolos en el torrente sanguíneo. La linfa, que es un líquido compuesto por proteínas, glóbulos blancos, sales y grasas, y circula por los vasos linfáticos.

Circulación linfática

GANGLIO LINFÁTICO

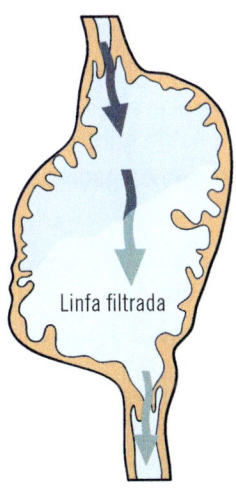

Linfa filtrada

Continúa en página siguiente >>

<< Viene de página anterior

SISTEMA LINFÁTICO

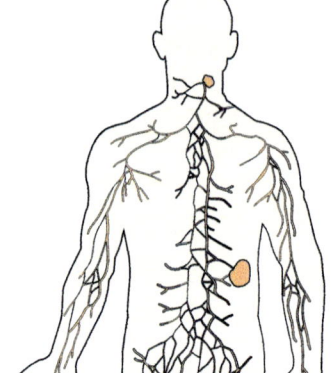

Los ganglios linfáticos forman parte del sistema linfático y entre sus funciones se encuentra, filtrar de la linfa sustancias como bacterias y células cancerosas para destruirlas. Además, están encargados de producir glóbulos blancos y otros componentes sanguíneos encargados de la protección contra agentes extraños en el organismo.

La linfa, una vez que ha licuado todo lo que le corresponde, lo transfiere al sistema venoso a través de la vena linfática, que drena la mitad derecha de la cabeza, cuello, tórax y el brazo derecho. La linfa sobrante la recibe el conducto torácico.

Entre los órganos que también forman parte del sistema linfático, se encuentran el bazo, el timo y las amígdalas.

Aplicación práctica

Usted ha salido a hacer senderismo con dos amigos. Eligen una ruta no señalizada, en la que caminan a través de desfiladeros profundos que conducen a un valle en el que no hay cobertura de telefonía móvil. Uno de sus amigos pierde el equilibrio y cae, golpeándose en la pierna contra una roca afilada y produciéndose una herida muy profunda, que comienza a sangrar de manera intermitente con un tono de color rojo brillante. Piense cómo podrían resolver esta situación entre su otro compañero de ruta y usted y por qué haría cada cosa.

SOLUCIÓN

Por las características que se describen del tipo de sangrado, se observa que se trata de una hemorragia de origen arterial. Están en un lugar sin cobertura, de manera que el aviso a los servicios sanitarios se debe hacer buscando un lugar con cobertura o saliendo a un punto de urgencias. Uno de ustedes deberá encargarse de ir a por ayuda, y el otro mientras tanto actuará para tratar de detener la hemorragia. Intentará colocar una gasa o algún trapo lo más limpio posible para hacer presión directamente sobre la herida. Hay que tener en cuenta que la asistencia tanto prehospitalaria como hospitalaria se va a demorar mucho, de manera que estaría indicado realizar un torniquete. Para ello es necesario un palo, o algún objeto de tipo alargado y fuerte y un trozo de tela que sea largo y algo ancho. Se podrá cortar alguna prenda de ropa, la manga de una camisa, por ejemplo. Las gasas o paños que tuviera cubriendo la herida se deben dejar y unos centímetros por encima de la herida colocarán el nuevo trozo de tela atando el palo que encontró y haciéndolo girar hasta que la sangre deje de salir. Se debe anotar la hora en la que hizo el torniquete. Tendrá que aflojar el torniquete cada 10 o 20 minutos para que se restablezca la sangre a los tejidos que no están dañados evitando que se produzca una isquemia y muerte celular.

6.2. Fisiopatología del aparato respiratorio

El proceso de respiración sigue un mecanismo complejo y en este apartado se estudiará de forma que sea de fácil comprensión. De igual manera, se indican algunas de las patologías emergentes más prevalentes.

Fisiología de la respiración

Forman parte del aparato respiratorio las fosas nasales, la faringe y la laringe, la tráquea, los bronquios, los bronquiolos y los pulmones.

Con la respiración se produce un intercambio gaseoso en los pulmones y en los tejidos del organismo y con la ventilación se renueva el aire guardado en los pulmones.

El proceso de introducir aire se denomina inspiración y el proceso de expulsarlo, espiración. En la inspiración y la espiración intervienen además un grupo de músculos muy importantes, como son el diafragma, los músculos intercostales, el esternocleidomastoideo y los músculos abdominales.

 Nota

Cuando se habla de ventilación se hace referenciaa a la cantidad de aire que entra y sale del pulmón cada minuto.

Además de la función respiratoria, es sistema está preparado para la emisión de la voz.

 Recuerde

La respiración se regula a través de dos mecanismos del sistema nervioso de manera independiente, uno para el control voluntario y otro del automático. Ambas se encuentran en la zona cerebral.

Patología del aparato respiratorio. Manifestaciones clínicas: signos y síntomas básicos en atención urgente

El sistema respiratorio cuenta con ciertos mecanismos de defensa para protegerse de los agentes externos inhalados directamente. La nariz actúa como filtro de ciertas partículas y calienta el aire que inspiramos, para que se inhale con una temperatura parecida a la del organismo. Además, a lo largo de la laringe, se encuentran unos cilios que atrapan las sustancias que se inspiran y una vez en los pulmones, los macrófagos alveolares detectan otras partículas inhaladas y se deshacen de ellas.

De las distintas **patologías respiratorias** que se pueden considerar importantes en urgencias, destacan las siguientes:

- **Crisis asmática:** produce una reducción del calibre de la vía aérea por un fenómeno llamado broncoespasmo, existiendo también un edema de la mucosa bronquial y una inflamación de la misma. Se pueden acumular secreciones que provoquen tapones. Ante un caso de crisis asmática no se debe acostar a la persona y se mantendrá incorporada en un ambiente ventilado y aflojando la ropa que pueda oprimirle. Se administrarán aerosoles con broncodilatadores.
- **Obstrucción de las vías aéreas:** la vía aérea se puede ver obstruida por causas muy diversas, como tumores, enfermedades de las vías respiratorias altas, lesiones en las cuerdas vocales y con mayor frecuencia, por la presencia de un cuerpo extraño. La obstrucción pude ser parcial y el individuo podrá hablar y toser, eliminando el objeto con la tos, y total que es muy peligrosa. Ante esta situación, la actuación deberá ser muy rápida ya que la persona no podrá respirar ni toser.

Actuación ante atragantamiento en bebé

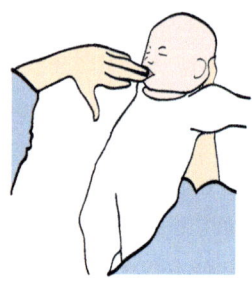 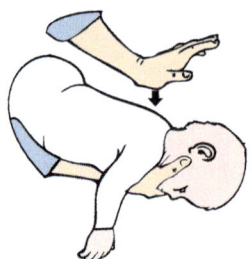 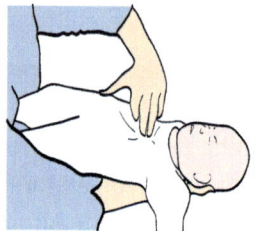

Retirar el objeto con el dedo únicamente si la persona la puede ver

Colocar al bebé boca abajo a lo largo del antebrazo y darle 5 golpes fuertes y rápidos en la espalda con el talón de la mano

Colocar dos dedos en la mitad del esternón del bebé y dar 5 compesiones rápidas hacia abajo

---

ACTUACIÓN ANTE OBSTRUCCIÓN DE LA VÍA AÉREA POR CUERPO EXTRAÑO

1. El individuo se llevará las manos a la garganta en señal de ahogo.
2. Se le invitará a que tosa, lo que puede ayudar a desplazar el objeto de la vía aérea.
3. Se le propinarán golpes secos y fuertes entre las dos escápulas, con la persona inclinada hacia adelante, lo que ayudará a movilizar el objeto.
4. Hacer la maniobra de desobstrucción de Heimlich, que consiste en rodear al paciente desde su espalda con los brazos, y con la mano en el centro del abdomen se realizará un movimiento "hacia adentro y hacia arriba".
5. Si el atragantamiento se produce en un niño menor de dos años, daremos 5 golpes en el centro de la espalda, 5 compresiones y 5 insuflaciones, con el niño sobre nuestro antebrazo, como se indica en la imagen.
6. Si el niño es mayor, se realizará la maniobra como en el adulto, pero cuidando que la energía con que la realizamos sea adecuada a su complexión.

Maniobra de Heimlich

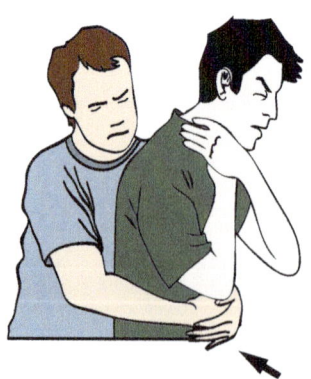

■ **Neumotórax:** consiste en la acumulación de aire entre las pleuras, que son las capas que rodean el pulmón. Causa dificultad respiratoria, y puede complicar severamente la función de este órgano. Existen distintos tipos de neumotórax, de ellos depende la gravedad de la situación. En los neumotórax, se realizan punciones para extraer el aire de los pulmones.

Neumotórax

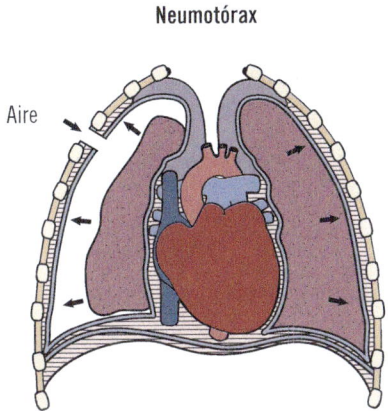

Aire

■ **Hemotórax:** es la presencia de sangre en el espacio pleural. Está causado principalmente por lesiones en el tórax. En esta patología, también se produce disnea, dolor, ansiedad y frecuencia cardíaca aumentada.

Hemotórax

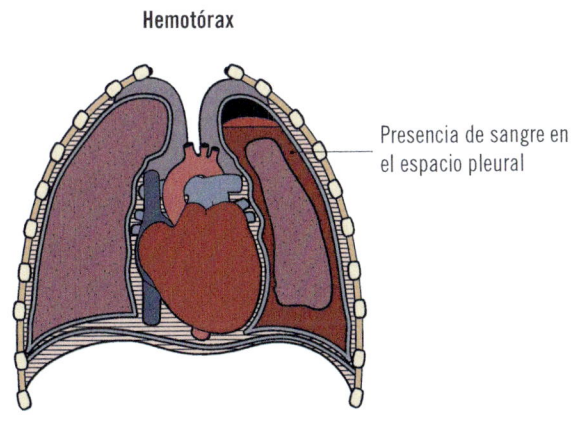

Presencia de sangre en el espacio pleural

- **Hiperventilación:** normalmente se ocasiona en estados de ansiedad en los que el paciente aumenta la frecuencia de las respiraciones y/o la profundidad. Esto hace que el organismo no pueda eliminar el CO_2 que contiene, de manera que se acumula y permanece en la sangre. En primer lugar el paciente sentirá mareo y posteriormente palpitaciones y dolor de estómago.
- **Edema de glotis:** es la inflamación de la epiglotis produciendo la obstrucción de la vía aérea superior. Puede ser originada por algún agente infeccioso o por una reacción alérgica grave.
- **Embolia pulmonar:** un coágulo tapona la arteria pulmonar o alguna de sus ramas, provocando un fallo respiratorio de difícil diagnóstico y complicada evolución si no se produce un tratamiento inmediato.

Embolia pulmonar

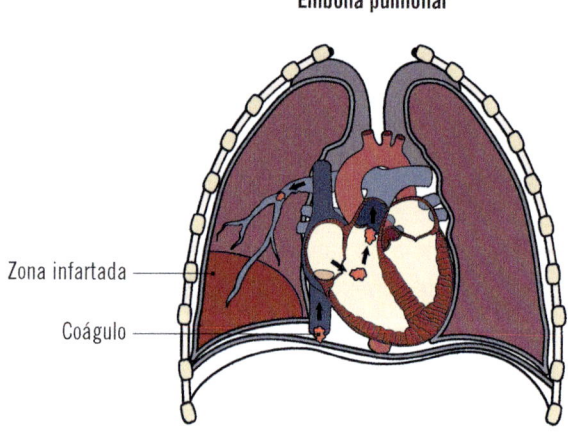

Zona infartada

Coágulo

 **Recuerde**

Los niveles de oxígeno normales deben estar rondando el 98 %-100 %.

De los distintos **signos y síntomas** relacionados con las patologías respiratorias destacan:

- **Tos:** es un signo que aparece practicamente en todas las patologías respiratorias. Es un mecanismo de defensa, favorecido por el moco. Existen muchos tipos de tos: seca, húmeda, apagada, acoplada, emetizante, contenida, etc.
- **Expectoración:** se expulsan flemas o esputos desde la garganta o las vías respiratorias tanto inferiores como superiores. Cuando se produce expectoración el paciente podría encontrarse ante algún proceso anormal a nivel respiratorio.
- **Hemoptisis:** expectoración acompañada de sangre. Normalmente, el origen del sangrado es el parénquima pulmonar, la laringe o los bronquios, aunque puede existir confusión si la sangre proviene del aparato digestivo. Las causas pueden ser muy variadas, desde enfermedades infecciosas, pasando por neoplasias (cáncer) o trastornos cardiovasculares.
- **Disnea:** significa "respiración difícil". Es uno de los síntomas más frecuentes en las patologías respiratorias. A nivel subjetivo, es el más importante, por la desesperación que puede provocar en el paciente, y a nivel objetivo también puede ser muy alarmante a causa del comportamiento del sujeto cuando se vea imposibilitado para respirar.
- **Dolor torácico:** se origina en los órganos profundos como el pulmón o la pleura. Sin embargo, estos no son sensibles al dolor, haciendo que la molestia se manifieste en otras partes.
- **Cianosis:** es un signo claro de falta de oxígeno y se muestra a través de síntomas muy variados como coloración azulada en labios y uñas, asfixia, cardiopatía cianótica, hemoglobina baja y toxinas acumuladas en la sangre.
- **Acropaquia:** se observa en las falanges distales de los dedos de las manos y los pies. Estos se agrandan sin provocar dolor, por debajo de la uña que se curva hacia abajo. Esta deformación se denomina también "dedos en palillos de tambor" por su parecido con este objeto. Una de las causas principales son la hipoxia y la cianosis.

Acropaquias

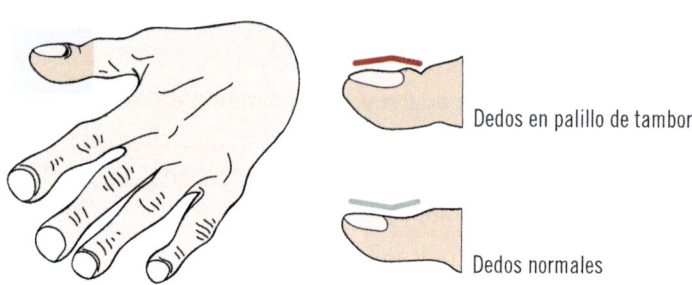

Dedos en palillo de tambor

Dedos normales

Definición

Parénquina
Se puede definir como aquel tejido constitutivo de un órgano que asegura su funcionamiento.

Aplicación práctica

Suponga que se encuentra cenando en un restaurante y, de repente, una señora sentada en la mesa contigua se levanta llevándose las manos a la garganta y haciendo gestos de intentar hablar pero sin conseguirlo. Observa además, que esta señora se encuentra en avanzado estado de gestación. Indique qué cree que está ocurriendo y de qué manera procedería para ayudarla.

SOLUCIÓN

Se trata de un caso de atragantamiento, ya que el gesto de llevarse las manos a la garganta es inequívoco en este tipo de situaciones. Se debería comenzar pidiendo ayuda para que alguien se hiciera cargo de avisar a los equipos de emergencia, por si la situación se complica. En primer lugar, como la persona está consciente, le indicaríamos que tosiera para intentar desprenderse del cuerpo extraño si es que aún se encuentra en una zona alta de la vía respiratoria. Si no despide nada o no consigue toser, le propinaremos 5 golpes secos en la zona interescapular, es decir en medio de los dos omoplatos con el sujeto

Continúa en página siguiente >>

<< Viene de página anterior

inclinado hacia adelante. Si aún así no se consiguiera eliminar el cuerpo que obstruye la vía aérea, lo adecuado sería realizar la maniobra Heimlich, pero con una particularidad, la presión se debe hacer por encima del límite de su útero, es decir, donde finaliza su tripa proximal a las mamas. Se colocarían las manos en la leve línea por debajo de su pecho, haciendo la maniobra con el puño, si no tuviéramos espacio con el tacón de la mano. Si la persona quedara inconsciente, se debe proceder a realizar ventilación artificial, para intentar movilizar el cuerpo extraño y que pueda llegar alguna cantidad de aire a los pulmones de la mujer.

6.3. Fisiopatología del aparato digestivo

En este punto se explicará la fisiopatología del aparato digestivo.

Fisiología de la digestión

El aparato digestivo tiene distintas funciones encaminadas al proceso de la digestión y absorción de los alimentos y nutrientes, así como la eliminación de las sustancias que el organismo no necesita.

En primer lugar se produce la masticación, que, ayudada por la saliva, hace posible la deglución del bolo alimenticio. Una vez producido el bolo, comienza su progresión hacia el estómago, donde se segregan los jugos gástricos que favorecen la descomposición de los alimentos. Luego el hígado secretará bilis, y el páncreas sus enzimas, hasta el duodeno. La absorción final de los nutrientes comenzará en el duodeno y se prolongará en el intestino, tanto delgado como grueso, donde cada zona se encargará de la absorción de un nutriente distinto. El material que no se ha podido absorber, seguirá su paso por el canal digestivo hasta alcanzar la salida por en canal anal en forma de heces. Otros macronutrientes incapaces de ser absorbidos, pasan al sistema linfático.

Patología del aparato digestivo. Manifestaciones clínicas: signos y síntomas básicos en atención urgente

Existe un gran número de **patologías del aparato digestivo,** pero de entre todas ellas, explicamos a continuación las que pueden suponer una verdadera emergencia si no son atendidas en el menor tiempo posible:

- **Colelitiasis:** es la formación o presencia de cálculos en la vesícula biliar.
- **Cólico biliar:** la formación de "piedras" o litiasis en la vesícula biliar, va a dar lugar a un dolor de tipo cólico. Provocará padecimiento abdominal intenso, náuseas y vómitos entre otros síntomas. El tratamiento quirúrgico elimina la litiasis y evita que se pueda volver a producir el episodio.
- **Colecistitis aguda:** es consecuencia de un cólico biliar sin resolver, en el que la litiasis inflamará y obstruirá el conducto biliar provocando dolor, naúseas, fiebre y vesícula palpable. Puede inducir una peritonitis, un absceso local e incluso fístula.
- **Hemorragia digestiva alta:** está considerada como una de las complicaciones más graves del aparato digestivo. Suele estar causada por la presencia de úlcera péptica y por consecuencia de una hipertensión portal. La hemorragia digestiva baja suele ser menos frecuente y menos complicada a la hora de ser tratada.

Litiasis biliar

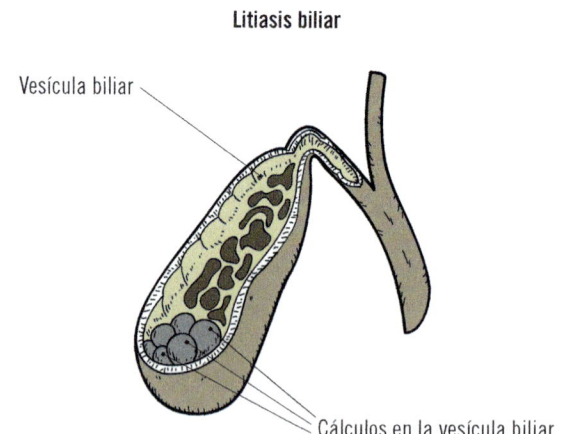

Vesícula biliar

Cálculos en la vesícula biliar

Los principales **síntomas y signos** que se encuentran en las patologías digestivas son:

- **Disfagia:** este síntoma se traduce en una sensación de obstrucción en el paso de los alimentos a través del tracto digestivo superior.
- **Dispepsia:** se puede deber a distintas causas pero por norma general se cura. La disepsia provoca molestias en todo el tracto digestivo superior al ingerir alimentos sólidos o líquidos. Sus síntomas son la acidez estomacal o ardores, la distensión gaseosa y flatulencias, el dolor abdominal, los eructos y las náuseas.
- **Naúseas, vómitos e indigestión:** el vómito consiste en la expulsión por la boca del contenido existente en la parte superior del tubo digestivo. La náusea es la sensación subjetiva de tener ganas de vomitar. La indigestión abarca distintos signos y síntomas como pirosis, regurgitación, dispepsia, náusea, vómito etc.
- **Diarrea:** es la expulsión por el ano de heces sin formar, con consistencia líquida y con una frecuencia de evacuación mayor a la habitual.
- **Estreñimiento:** es una alteración de la defecación, en la que el patrón habitual se ralentiza provocando unas heces más duras y mayor dificultad para su expulsión.
- **Pérdida de peso:** las patologías digestivas suelen ir acompañadas de pérdida de peso, que se puede cuantificar y se debe registrar para estudiar la evolución.
- **Hemorragia digestiva:** la hemorragia digestiva se manifiesta de distintas maneras, como la hematemesis, que es vómito acompañado de sangre, melenas, que son heces sanguinolentas, hematoquecia, que es la aparición de sangre de color oscuro por el ano, las pérdidas de sangre oculta, mareos, síncopes y otros síntomas que pueden indicar anemias no conocidas por el paciente.
- **Ictericia:** los tejidos y las mucosas se tiñen de un color amarillento, debido a la liberación de bilirrubina por problemas hepáticos u obstrucción de la vía biliar.
- **Hinchazón abdominal:** es la deformación o inflamación de alguna zona del abdomen o de todo su perímetro por causas muy diversas, como hernias, ascitis, etc. Se acompaña de dolor y distensión abdominal.
- **Ascitis:** es la acumulación de líquido en la cavidad peritoneal.

6.4. Fisiopatología del sistema nervioso

El sistema nervioso está dividió en varias partes, cada una con una función muy determinada. Se estudiarán en el siguiente apartado así como las patologías relacionadas con él.

Fisiología del sistema nervioso

El sistema nervioso es uno de los más importantes del organismo y regula todas las funciones que se llevan a cabo en él. Es un sistema complejo y perfecto donde toman parte sus unidades estructurales principales: la neurona y la célula de glía. De la neurona, salen unas ramificaciones, llamadas dendritas que se conectan con otras células. El axón es otro tipo de prolongación de la célula, que puede llegar a medir hasta medio metro y se ramifica para entrar en contacto con otras neuronas incluso con otras células como las musculares. Para aislar el axón y evitar que su potencial eléctrico se disperse por donde no corresponde, se envuelve en un conjunto de células llamadas células de Schwann que actúan como una cinta aislante.

Estructura neuronal

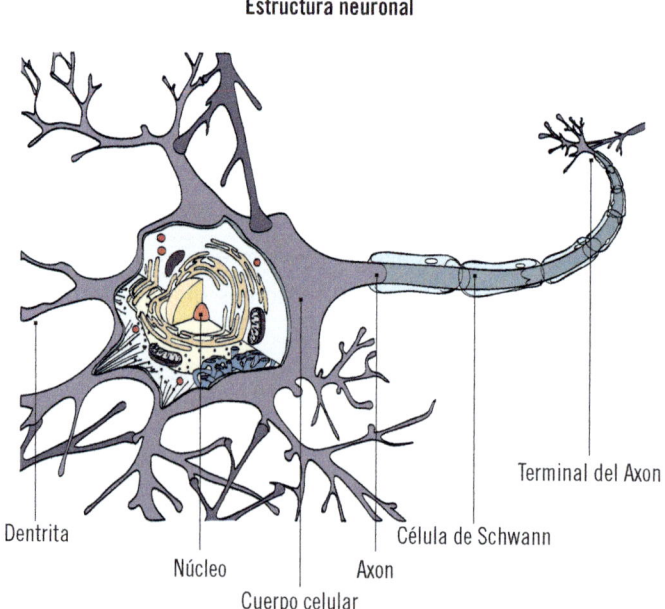

Dentrita

Núcleo

Cuerpo celular

Axon

Célula de Schwann

Terminal del Axon

Recuerde

La neurona es una célula altamente especializada en la transmisión de impulso nervioso.

Tanto las neuronas como otro tipo de células del cuerpo tienen dos formas de comunicarse entre sí, mediante estímulos eléctricos, que son diminutas señales que se transmiten a través del axón hasta la neurona efectora, y mediante estímulos químicos, en los que intervienen los neurotransmisores y las hormonas.

Patología del sistema nervioso. Manifestaciones clínicas: signos y síntomas básicos en atención urgente

De todas las **patologías** relacionadas con el sistema nervioso, se encuentran algunas de especial relevancia por su inicio o su evolución.

Accidente cerebrovascular

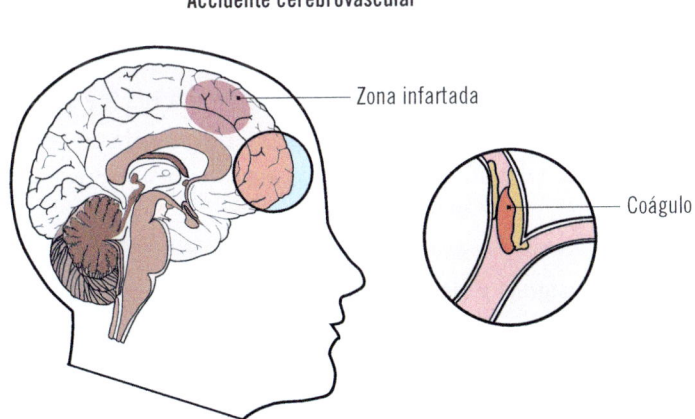

- **Ataque isquémico transitorio (AIT) o Accidente cerebro vascular ACV:** es un breve episodio de falta de oxígeno en alguna parte del cerebro por un agente obstructivo. Es un suceso de corta duración pero con signos y síntomas neurológicos observables. Cuando el episodio dura más de 24 horas, se habla de infarto cerebral o accidente cerebro vascular, produciéndose la muerte de alguna parte del tejido cerebral de forma irreversible.

El ACV se considera una emergencia, es uno de los procesos tiempo dependientes, lo cual significa que la rapidez en su detección y actuación es determinante para la reducción de secuelas. Existen protocolos específicos en cada servicio de salud para la actuación ante en ACV o ICTUS.

- **Hemorragias:** pueden ser de diversos tipos pero en todas ellas se produce la rotura de un capilar, arteriola, o hematoma pudiendo provocar presión en las zonas colindantes, con el consecuente riesgo de lesión.
- **Lesiones traumáticas:** estos tipos de lesiones dependen de la zona del SN que reciba el traumatismo. Por norma general, aparecerá epilepsia, aunque no necesariamente se manifestará de forma inmediata a la lesión. Además pueden surgir otro tipo de secuelas definitivas.
- **Intoxicaciones:** cuando algún elemento es capaz de traspasar la barrera encefálica, se produce una intoxicación, pudiendo derivar en crisis convulsivas e incluso coma. Entre los elementos tóxicos podemos encontrar desde metales hasta una gran variedad de drogas.
- **Patologías degenerativas:** se produce un envejecimiento prematuro de las neuronas y por consiguiente de sus funciones. Entre estas patologías se encuentran el Parkinson, el Alzheimer y las demencias.
- **Encefalopatías metabólicas:** es una afectación importante en las funciones encefálicas, debido a un déficit de vitamina B 12 y otras vitaminas importantes que se segregan en el hígado. La mayoría de las causas que originan estos problemas metabólicos están relacionados con el consumo de alcohol.

En cuanto a los **signos y síntomas** que se deben de tener presentes en una valoración neurológica, son:

- **Cefalea:** más usualmente conocida como dolor de cabeza. Es importante diferenciar la forma en que aparece, la localización y la duración del episodio.
- **Pérdida de conciencia:** obviamente se trata de la pérdida de conciencia de manera transitoria, clasificando entre lipotimia, cuando tiene

que ver con variaciones de la presión arterial, o síncope cuando afectan al ritmo cardíaco.

■ **Coma:** es una alteración profunda de la conciencia en la que no hay repuesta ante ningún tipo de estímulo.

■ **Convulsiones:** hay distintas clases de episodios convulsivos, algunas se inician en la infancia y desaparecen, otras pueden tener causas variadas como traumatismos, tumores, o malformaciones del encéfalo. Pueden darse episodios generales o focales. Es habitual que exista relajación de esfínteres. Tras la crisis convulsiva, en ocasiones el paciente no recupera totalmente la conciencia. Los movimientos convulsivos por lo general, rotan desde la fase tónica, en la que se produce una hiperextensión de la espalda y de las extremidades y la fase clónica, en la que el cuerpo tiende a recogerse.

Convulsiones tónico-clónicas

Fase tónica   Fase clónica

■ **Déficits motores:** consiste en la parálisis o la pérdida de ciertas funciones motoras como caminar o agarrar objetos. Puede afectar a las cuatro extremidades (tetraplejia), a dos colaterales (hemiplejia), a dos extremidades inferiores (paraplejia) o a un solo miembro (monoplejia).

■ **Trastornos sensitivos:** generalmente se trata de dolor localizado en alguna estructura del sistema nervioso, tratándose de un episodio difícil de soportar y muy desagradable.

■ **Vértigos y mareos:** es una sensación subjetiva de pérdida de equilibrio incluso estando sentado. Suelen empeorarlos las luces y sonidos fuertes. En algunas ocasiones los vértigos están relacionados con patologías del oído.

■ **Trastornos visuales:** son los signos de pérdida de la visión y pueden afectar a este sentido de formas muy distintas. Así, se puede perder la mitad del campo visual (hemianopsias) o también pude ocurrir que el individuo observe manchas o puntos negros.

- **Discinésias:** son alteraciones en cuanto a la motilidad normal o los movimientos espontáneos que realiza el cuerpo. Ejemplos de discinésias son los temblores, las mioclonías, que son espasmos en músculos, las distonías o tics nerviosos, etc.

- **Trastornos del habla:** en algunos casos se producen lesiones en la zona encargada del habla, causadas por traumatismos, coágulos, tumores, intoxicaciones o malformaciones congénitas. Dentro de estos trastornos se encuentra la dificultad para hablar y comprender el lenguaje (afasia), y la imposibilidad de articular ciertas palabras, aunque se sepa lo que se quiere expresar o pronunciarlas correctamente (disartria).

 Importante

Ante un episodio de crisis convulsiva no se debe administrar ningún tipo de medicación oral. Lo importante es que la vía aérea del paciente se mantenga despejada (maniobra frente-mentón), y evitaremos que pueda dañarse con objetos que haya a su alrededor.

6.5. Fisiopatología del sistema genitourinario

Normalmente se unifica el concepto del sistema genitourinario para determinar las funciones de excrección y reproducción del organismo debido a la proximidad de sus estructuras. A continuación, se estudia por separado para una mejor comprensión.

Fisiología del aparato urinario

Una de las funciones del sistema urinario es mantener el balance de fluidos y electrolitos del organismo y la forma que tiene que de hacerlo es eliminando el agua y otros productos de desecho. Hay una serie de sustancias que una vez llegan al riñón en vez de ser expulsadas, permanecen en este para ser usadas posteriormente. El producto final del riñón es la orina que se almacena en la vejiga y se liberará de manera voluntaria. La orina está formada por agua, cloro, sodio, urea, creatinina, amonio y bicarbonato.

 Sabía que...

Como media, al día una persona de complexión normal y con una ingesta de líquidos media, elimina 1,4 litros de orina al día. En casos de aportes extras (como sueroterapia) la cantidad es superior. La orina formada sale al exterior de la vejiga a través de la uretra, que tiene distinta longitud dependiendo del sexo de la persona.

Además, el sistema urinario segrega hormonas y las deposita en el torrente sanguíneo para que sean trasladadas allí donde deban actuar.

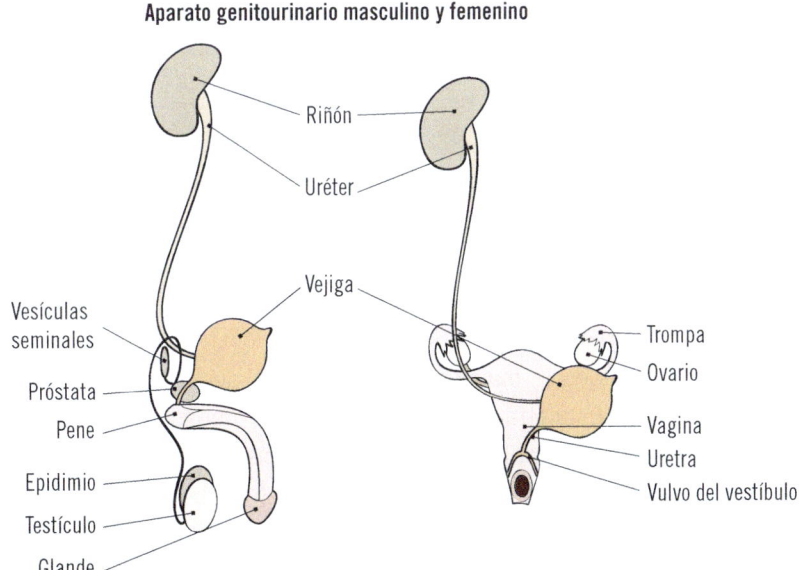

Aparato genitourinario masculino y femenino

Riñón
Uréter
Vejiga
Vesículas seminales
Próstata
Pene
Epidimio
Testículo
Glande
Trompa
Ovario
Vagina
Uretra
Vulvo del vestíbulo

Fisiología del aparato genital masculino y femenino

En la fisiología del aparato genital cabrá distinguir entre el aparato genital masculino y el femenino.

Aparato genital masculino

Los testículos tienen función endocrina, de secreción de hormonas masculinas, así como de formación, maduración y movilización de espermatozoides, siendo secretados por las vesículas seminales hasta la uretra donde serán expulsados tras la erección. El semen, compuesto por los espermatozoides y otras sustancias de base proteica se acumula en los testículos.

Sabía que...

El escroto, que es la piel que cubre los testículos, tiene una función protectora y térmica ya que los mantiene 5 °C por debajo de la temperatura corporal, debido a que el esperma es muy sensible al calor.

Aparato genital femenino

Está compuesto por los ovarios, las trompas de Falopio, el útero, la vulva, órganos externos como los labios mayores y menores, el clítoris y el monte de venus, y por último, las mamas. Los ovarios producen un óvulo cada 28-30 días en la mayoría de las mujeres, siendo el óvulo la célula sexual primaria. Esta atravesará a través de las trompas de Falopio camino del útero, donde se implantará si ha sido fecundado, o se eliminará en unos días para producir la menstruación arrastrando la capa endometrial generada en el útero. Las mamas, que también forman parte del sistema reproductor femenino, aunque se encuentren en otra parte del cuerpo, tienen una función hormonal importante en diversas partes del ciclo menstrual, así como en el embarazo y el puerperio.

Patología del aparato urinario y genital. Manifestaciones clínicas: signos y síntomas básicos de atención urgente

Existe un gran número de **patologías** del aparato urinario y de los aparatos reproductores masculino y femenino. A continuación se mencionan algunas de las más habituales en el medio urgente. Hay que tener en cuenta, que en el periodo de embarazo, aparecen en la mujer otra serie de patologías que deben ser tratadas con premura, como la hipertensión arterial o las alteraciones de la glucemia.

Riñón

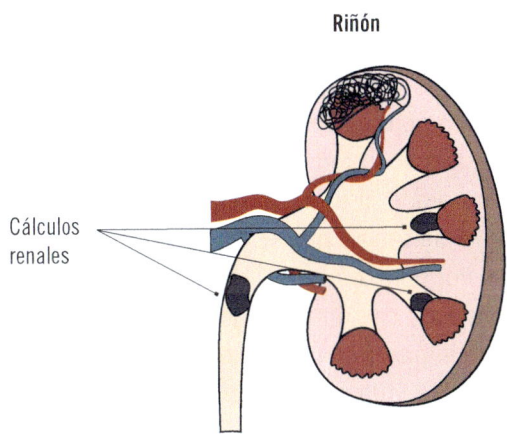

Cálculos renales

- **Insuficiencia renal:** es una patología grave, que afecta de manera drástica al funcionamiento de los riñones, dejando de cumplir su misión. Puede ser aguda, de etiología tóxica y crónica, en la que la capacidad renal deberá ser sustituida por mecanismos de filtración artificial, como la hemodiálisis.
- **Cistitis:** consiste en una inflamación de la vejiga urinaria, debida principalmente a una infección. Produce mucho dolor y dificultad a la hora de miccionar, así como escozor y molestia y fiebre no elevada.
- **Cálculos renales y cólico nefrítico:** el cálculo renal es un producto sólido que se acumula en el riñón, fruto de las sustancias de desecho de la orina. Su presencia provoca dolor, dificultad para orinar y puede verse acompañada de sangre debido a las lesiones que produce su paso por el aparato urinario. El cólico nefrítico es un dolor de aparición repentina,

que se relaciona con la presencia de cálculos en el riñón. El dolor que provoca suele ser descrito como insoportable.

- **Infecciones renales o pielonefritis:** es una infección de los riñones que puede tener grandes complicaciones debido a su capacidad para extenderse a la sangre y provocar una infección generalizada, de manera que debe ser tratada de forma inmediata.
- **Uretritis o infección de la uretra:** se acompaña de inflamación e irritación. Provoca síntomas y signos distintos en el hombre y en la mujer. En el hombre el dolor se produce en la micción o la erección y en la mujer el dolor se localizará en el abdomen o en el suelo pélvico.
- **Orquitis y epididimitis:** la orquitis es la inflamación de uno o ambos testículos provocada por la infección de bacterias o virus. La epididimitis es la inflamación del epidídimo por la misma causa, pudiendo aparecer juntas, tratándose de una orquiepididimitis.
- **Metrorragia:** es un sangrado profuso por vía vaginal procedente del útero. Es distinto al sangrado que se produce durante el ciclo menstrual, tanto por la cantidad de sangre que se elimina como por el ritmo con el que se desprende. Por norma general, obedece a lesiones en el útero o en la pelvis. Es bastante común en mujeres embarazadas, relacionado con mal posición de la placenta u otras lesiones en el útero o el feto.
- **Vaginitis:** consiste en la inflamación de la mucosa vaginal, acompañada de una secreción mayor de la vagina. Se produce cuando existe un desequilibrio en la flora vaginal y disminuye el pH. La paciente sentirá prurito genital.
- **Hiperplasia de próstata:** se trata de un crecimiento desmesurado de la próstata, que puede provocar síntomas urinarios. Puede ser benigna o maligna. En caso de la benigna, se puede extirpar, el caso de las malignas puede estar relacionada con tumores.

Entre los **signos y síntomas** del sistema genitourinario se encuentran:

- **Poliuria:** diuresis por encima de la cantidad normal. Más de 2,5 litros al día.
- **Oliguria:** diuresis por debajo de lo normal, normalmente producida por un fallo renal. La cantidad de orina debe ser inferior a 500 ml para considerarse oliguria.
- **Anuria:** es la ausencia de excreción de orina.

- **Polaquiuria:** se unen un número de micciones muy cuantiosas con poca cantidad de orina expulsada (se orina muchas veces pero poca cantidad). Es típica en las infecciones urinarias.
- **Disuria:** es dolor en la micción.
- **Hematuria:** presencia de sangre en la orina.
- **Nicturia:** aumento de la frecuencia de micción en la noche.
- **Pujo y tenesmo vesical:** es la sensación de ganas de orinar, aunque no se puede excretar la orina.
- **Cambios en el color de la orina:** el color normal de la orina es amarillo claro y de relativa liquidez. Si la orina fuera más oscura o más turbia podría deberse a consecuencia de algún problema.

Definición

Diuresis

Es el término que hace referencia a la orina expulsada. Cuando nos referimos a la diuresis de un paciente a lo largo de un día, se tratará de la cantidad de orina que ha eliminado.

6.6. Fisiopatología del sistema endocrino

El sistema endocrino es uno de los más importantes del organismo por su vinculación con el resto de sistemas y funciones corporales a través de la liberación de hormonas con distintos fines. A continuación, se estudia cada una de ellas y la forma en que actúan.

Sistema endocrino: glándulas endocrinas, hormonas y regulación hormonal

El **sistema endocrino** está formado por un conjunto de glándulas endocrinas que generan hormonas. Las hormonas tienen un papel de mensajeros químicos y se desplazan a través de la sangre hasta llegar a los receptores proteicos de las células diana. En adelante, se detallan las glándulas endocrinas y sus hormonas:

- **La hipófisis:** se localiza en la base del encéfalo y se divide en dos partes, adenohipófisis y neurohipófisis.

Hipofisis e Hipotálamo

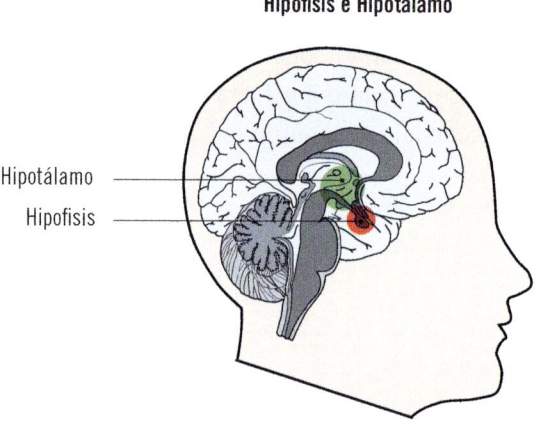

Hipotálamo

Hipofisis

A continuación, se presenta una tabla con las distintas glándulas secretoras de hormonas y las hormonas secretadas por estas.

CEREBRO	Adenohipófisis	GH (Hormona del crecimiento) Prolactina (secreción láctea) TSH (tiroides) ACTH (promueve el crecimiento) FSH (mantenimiento de ovarios y esperma) LH (progesterona y testosterona)
	Neurohipófisis	ADH (antidiurética) Oxitocina (contracción útero) Hipotálamo Hormonas liberadoras, es decir, ayudan a otras glándulas a poder liberar sus hormonas

Continúa en página siguiente >>

<< Viene de página anterior

RIÑONES	Corteza Suprarenal	Aldosterona (retiene agua) Glucocorticoides (varias funciones) Gonadocorticoides (caracteres sexuales masculinos)
	Médula suprarrenal	Adrenalina Noradrenalina Ambas tienen funciones metabólicas

- **Glándulas suprarrenales:** situadas en el segmento anterior- superior de los riñones. Se distinguen dos partes, la médula suprarrenal y la corteza suprarrenal.

Glándulas suprarenales y riñones

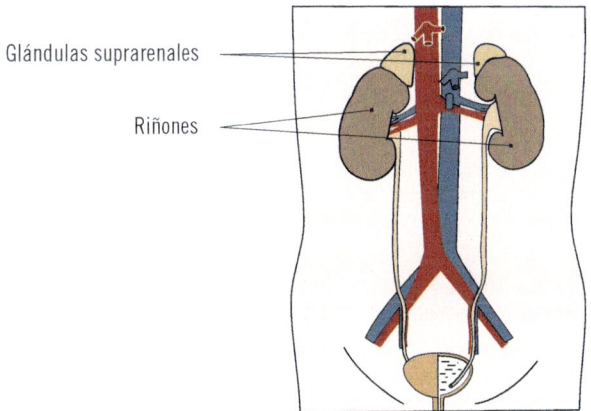

Glándulas suprarenales

Riñones

- **Tiroides:** ubicada en el cuello y se encuentra dividida en dos fragmentos, que se colocan a cada lado de la tráquea. Es la más grande de todas las glándulas.

Para producirse las hormonas tiroideas es necesaria la presencia de Yodo, de ahí la importancia de ingerir sal yodada en las comidas.

HORMONA TIROIDEA	
Triyodotironina o T3 y tiroxina o T4	Calcitonina
Interviene en el metabolismo de todas las células	Regula los niveles de calcio en sangre

- **Glándulas paratiroideas:** son cuatro glándulas y se encuentran posteriores al tiroides.

HORMONA PARATIROIDEA Y SU FUNCIÓN PRINCIPAL	
Hormona Paratiroidea o Paratohormona (PTH)	Aumenta la presencia de calcio en la sangre

- **Ovarios y testículos:** los ovarios, además de formar ovocitos se encargan de la producción de dos hormonas. Los testículos tienen la función secretora de andrógenos o testosterona.

OVARIOS	TESTÍCULOS
Estrógenos y progesterona	Testosterona
Diferenciación y mantenimiento	Diferenciación y mantenimiento
de los caracteres femeninos	de los caracteres masculinos

- **Timo:** se localiza en la aorta y el esternón. Importante en la infancia para el sistema inmunológico.

Hormona Tímica o Timosina	Producción y maduración de linfocitos T

Timo

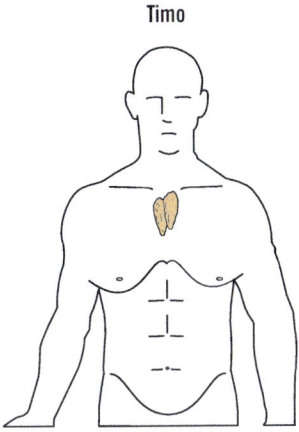

- **Glándula pineal o epífisis:** Se localiza en el encéfalo. Disminuye con la edad.

Melatonina	Controla los ciclos circadianos y los ciclos menstruales

- **Mucosa gástrica:** también está considerada como una glándula endocrina debido su capacidad de secretar hormonas.

HORMONAS DE LA MUCOSA GÁSTRICA	
Gastrina	
Secretina	Peristaltismo y secreciones digestivas
Colecistocinina	

- **Páncreas:** las células que lo forman, llamadas islotes de Langerhans, son las productoras de glucagón, de insulina y de somatostatina.

PÁNCREAS: ISLOTES DE LANGERHANS	
Glucagón	Eleva los niveles de glucosa en sangre
Insulina	Disminuye los niveles de glucosa en sangre
Somatostatina	Inhibe la secreción de glucagón e insulina

- **Riñones:** aparte de las glándulas suprarrenales, los riñones por sí mismos secretan eritropoyetina.

Eritropoyetina	Interviene en la formación de glóbulos rojos

- **Placenta:** es una membrana que rodea al feto durante el embarazo y que segrega hormonas importantes en la preparación del organismo para el parto y la lactancia.

PLACENTA	
Gonadotrofina coriónica (hCG)	Favorece la producción de progesterona
Estrógenos	Preparación para el parto y la lactancia
Progesterona	Funciones de protección de órganos femeninos

La **regulación de la secreción hormonal** se produce por un mecanismo de retroalimentación. Cuando la hormona alcanza unos niveles máximos deja de formarse. Los estímulos visuales, auditivos y gustativos también pueden provocar la secreción hormonal. Por último, el llamado control cronotrópico, regula la secreción de hormonas de una forma ordenada dependiendo de los distintos ritmos vitales: sueño-vigilia, ritmos menstruales, ritmo estacional, etc.

Patología del sistema endocrino. Manifestaciones clínicas: signos y síntomas básicos en atención urgente

A continuación se describen las patologías del sistema endocrino más importantes:

- **Diabetes:** la diabetes mellitus es, en urgencias, una patología importante debido las complicaciones que se derivan de ella y a la alta incidencia que tiene en la población. Se trata de una enfermedad crónica en la que se produce un aumento de glucosa en la sangre por un fallo de la producción de insulina del páncreas. Los primeros síntomas que aparecen en la enfermedad son la poliuria, un aumento de la sensación de hambre o polifagia y de la sed o polidipsia además de pérdida de peso. A largo plazo se pueden producir daños vasculares, renales, etc., además de complicaciones agudas como hipoglucemias e hiperglucemias. La hipoglucemia se produce cuando hay una bajada del nivel de glucemia, que puede provocar un cuadro neurológico, llegando incluso a desembocar en coma o muerte por el cese de la función respiratoria. Aparecen signos como temblores, desorientación y sudoración excesiva.
- **Hipertiroidismo:** consiste en un exceso de secreción de hormonas tiroideas. Se caracteriza por pérdida de peso, fatiga, aumento del apetito, taquicardia, amenorrea y ansiedad entre otros. Se puede regular mediante la administración de medicación o extirpación de la glándula.
- **Hipotiroidismo:** al contrario que el hipertiroidismo, es una disminución de los niveles de la hormona tiroides. Sus síntomas son letargo, aumento de peso, inflamación del rostro, disminución del apetito, etc. Se debe aplicar un tratamiento hormonal sustitutivo.

Síntomas de diabetes: sed y cansancio

Importante

En la hiperglucemia, se puede producir el llamado coma diabético, por acumulación de cuerpos cetónicos. Cuando se tenga un caso de pérdida de conciencia en una persona que sepamos es diabética, y no se pueda determinar la glucemia capilar para saber si se trata de una hiperglucemia o una hipoglucemia, habrá que actuar siempre como si se tratara de hipoglucemia, es decir administrar glucagón, que es una inyección de glucosa concentrada que se pone por vía subcutánea.

Aplicación práctica

Va caminando por la calle y encuentra a un hombre de unos 70 años recostado en el suelo. Se encuentra desorientado, tembloroso y sudoroso. No responde a sus preguntas y solo le dice "soy diabético, tengo mi glucagón en la mochila", después de esto el señor pierde el conocimiento. Indique a continuación que haría para auxiliar a este señor.

Continúa en página siguiente >>

<< Viene de página anterior

SOLUCIÓN

Por los signos descritos se trata de un episodio de hipoglucemia o bajada de glucemia (azúcar). Avisaremos a los equipos de emergencia, ya que es necesario que este señor tenga asistencia especializada. No podemos saber con certeza si se trata de una hipoglucemia o hiperglucemia, ya que nuestra experiencia es muy corta y no tenemos glucómetro para determinar las cifras de glucemia, de manera que actuaremos como si se tratara de una hipoglucemia. Mientras el paciente está consciente se le puede dar agua con azúcar o un refresco azucarado con burbujas, pero en el caso de este señor que ya ha quedado inconsciente, solo podremos administrarle el glucagón, que se pondrá de forma subcutánea, por ejemplo en la pierna o en la barriga, pellizcando un trozo de piel y pinchando sobre esta.

6.7. Fisiopatología del sistema inmunitario

En este apartado se tratará el estudio del sistema inmunitario y el concepto de inmunidad, así como las patologías relacionadas con la supresión inmunitaria.

Inmunidad

El término inmunidad hace referencia a la situación de defensa del organismo para afrontar enfermedades e infecciones. A estas defensas se las denomina anticuerpos. Hay una serie de mecanismos que proporcionan inmunidad de forma natural, y otros que lo hacen de forma artificial, por medio de vacunas o anticuerpos.

 Ejemplo

Por medio de la lactancia materna se proporciona inmunidad al bebé.

Patología del sistema inmunitario. Manifestaciones clínicas: signos y síntomas básicos en atención urgente

Dentro de las patologías del sistema inmune se encuentran las siguientes:

- **Inmunodeficiencia:** puede ser heredada o adquirida, y se basa en la pérdida de capacidad de los mecanismos inmunes para llevar a cabo su función protectora. Algunos de los causantes directos de esta inmunodeficiencia son el SIDA y algunos tipos de cáncer, así como tratamientos supresores de las defensas que se dan en los trasplantes de órganos.
- **Autoinmunidad:** se produce cuando el sistema inmunitario falla a la hora de distinguir cuales son agentes extraños y ataca al propio organismo.
- **Hipersensibilidad:** este tipo de patología del sistema inmune es una repuesta que daña los tejidos del cuerpo. Se relaciona con alergias de varios tipos.

Dentro de los signos y síntomas que avisan de un problema inmunitario, destacan la coloración anormal en la piel, las manchas, las deformidades o las inflamaciones en alguna zona del cuerpo. Los estornudos y la tos también pueden ser signos de alguna reacción de defensa ante un agente invasor.

Signo de hipersensibilidad (estornudo)

6.8. Connotaciones especiales de la fisiopatología general del niño, anciano y gestante

Es muy importante saber que en el paciente anciano, en las gestantes y en los niños, la fisiología y el funcionamiento de los órganos y sistemas se diferencian a los del adulto.

- **El niño:** su sistema respiratorio es distinto al del adulto morfológicamente hablando, así para la realización de la maniobra frente-mentón, habrá que tener en cuenta que la primera porción de la vía aérea es recta, de forma que solo se debe alinear la cabeza, no hiperextenderla. En cuanto al sistema digestivo, la ingesta de los alimentos se hace de manera paulatina, ya que no es posible su absorción. El sistema óseo se encuentra evolucionando y perfeccionándose hasta los 20 años aproximadamente, de forma que no existirá la misma percepción de dolores óseos ni musculares relacionados con el desgaste de los mismos.. Finalmente, en el sistema inmunitario del niño, su respuesta es mucho más reducida que la del adulto.

- **El anciano:** el envejecimiento es un proceso por el cual las células van perdiendo la capacidad de cumplir sus funciones además de disminuir su número de manera considerable. Existen una serie de modificaciones en estos individuos que los diferencian del adulto sano, como es la inclinación del cuerpo hacia delante con la cabeza caída y encorvamiento de la columna vertebral. Hay una menor estabilidad en el paso como consecuencia de la pérdida de movilidad de las articulaciones. Los músculos tienen peor flujo sanguíneo, de manera que se pierde fuerza. Sobre todo en las mujeres después de la menopausia, comienza a acelerarse el proceso de descalcificación ósea, lo que deriva en osteoporosis y artrosis que condicionan la actividad. Es habitual que se produzca aumento en la acumulación de grasa, ya que los mecanismos encargados de frenar el depósito de grasa, comienza a fallar. En el sistema tegumentario se producen grandes cambios, como la manifestación de arrugas, aparición de manchas y pérdida de elasticidad además de fragilidad capilar y canas. Se originan alteraciones de la función renal y de la capacidad respiratoria por culpa de la pérdida de elasticidad pulmonar y superficie alveolar. Se modifican los patrones digestivos, entre otras causas por la disminución de secreciones gástricas e intestinales. La capacidad del hígado para depurar sustancias disminuye, ya que este pierde masa y capacidades. La transmisión del impulso nervioso se ve ralentizada, el aparato reproductor sufre distintas atrofias relacionadas con el descenso de excreción de hormonas sexuales. La termorregulación comienza a ser deficiente aumentando la sensibilidad térmica, además de producirse variaciones del sistema vegetativo como insomnio o fatiga. En lo que respecta al sistema sensitivo, se producen alteraciones en todos los sentidos, en la vista, el oído, el gusto, el olfato y tacto. En cuanto al sistema inmunitario, a partir de los 50 años, sufre un decaimiento de la capacidad defensora que va acentuándose a medida que pasan los años.

Degeneración de la columna vertebral en el anciano

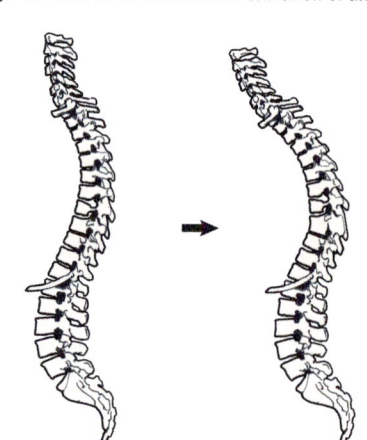

En el hombre se pueden perder hasta 3 centímetros de estatura, y en la mujer 5 cm, debido a la disminución de los espacios que existen entre cada vértebra.

■ **Embarazada:** durante el periodo de embarazo se producen una gran cantidad de cambios en el organismo de la gestante, muchos de ellos derivados del tamaño creciente del útero, el cual desplaza otros órganos de la cavidad abdominal, debido a su aumento de peso.También las mamas agrandarán su tamaño a lo largo del embarazo. Aumenta la retención de agua y líquidos en todas las células y tejidos del cuerpo, lo que provoca edemas causados por una cadena de cambios hormonales. En la piel se producen variaciones en la pigmentación, aparición de estrías y alteraciones vasculares del sistema tegumentario. También aumenta el grosor de la mucosa vaginal y se originan cambios en los ovarios y las trompas de Falopio. Son muy comunes los variaciones en el consumo de hidratos de carbono, por lo que se presenta una de las patologías más importantes en la gestación que es la diabetes gestacional, debido a la mayor necesidad de insulina para combatir la acumulación de glucosa en la sangre de la madre y el feto. El volumen de sangre se acrecienta de manera que aumenta el tamaño del feto. Cambia la posición del corazón y los pulmones con respecto a la caja torácica por el empuje del útero. Con respecto al aparato digestivo, aparecen cambios relacionados con la salivación, mayor acumulación de gases y desplazamiento de los intestinos. Los riñones aumentan su tamaño, y el sistema nervioso se encuentra ralentizado produciéndose insomnio, neuralgias, cefaléas, ciática y alteraciones de la memoria entre otras.

Disposición de los intestinos, vejiga y estómago durante el embarazo avanzado

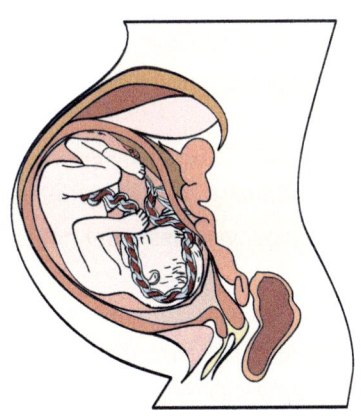

 Nota

El aumento de peso producido en el útero varía desde los 70 gramos hasta más de 1 kilogramo.

7. Resumen

Consideramos la salud como "un estado de bienestar físico, mental y social con capacidad de funcionamiento, y no solo la ausencia de enfermedad o achaque".

La circulación sanguínea es el paso de la sangre por todo el organismo para trasportar oxígeno y recoger dióxido de carbono y productos de desecho celular.

El sistema linfático transporta linfa por todo el organismo.

La respiración es el intercambio gaseoso del organismo con el entorno. Existen gran número de patologías importantes relacionadas con el sistema respiratorio, y entre los signos y síntomas a tener en cuenta para su diagnóstico, se encuentra la tos, la expectoración, la hemoptisis, la disnea, el dolor torácico, la cianosis y la acropaquia.

El aparato digestivo tiene como función la asimilación de alimentos. Dentro de los signos y síntomas que pueden indicar patologías del sistema digestivo están la disfagia, la dispepsia, las nauseas, los vómitos, la diarrea, el estreñimiento, la pérdida de peso y las hemorragias digestivas.

Entre los indicios de anormalidad en el sistema nervioso podemos destacar la cefalea, la pérdida de conciencia, el coma, las convulsiones, los déficits motores, los trastornos sensitivos, visuales y del habla, los vértigos y mareos y la discinésia.

El sistema genitourinario se caracteriza por la división de las funciones del propio aparato urinario y los genitales masculino y femenino, cada uno de ellos con unas características muy particulares y diferenciadas.

El sistema endocrino está formado por un conjunto de glándulas que segregan hormonas al torrente sanguíneo, cada una de ellas con una función específica y con influencia en las otras.

Existen aspectos importantes a tener en cuenta en cuanto al organismo de niños, ancianos y embarazadas. En estos tres casos, los sistemas y aparatos corporales tienen una serie de diferencias importantes con respecto al adulto sano.

Ejercicios de repaso y autoevaluación

1. Indique cuál de las siguientes definiciones de los distintos tipos de enfermedades es falsa:

   a. Las enfermedades ambientales son aquellas en las que todos los factores del medio ambiente influyen sobre el individuo.
   b. La enfermedad de origen multifactorial se presenta como fruto de la interacción de dos factores.
   c. Se llaman enfermedades exógenas a aquellas relacionadas con la acción directa del agente sobre el huésped.
   d. En las enfermedades endógenas la alteración se produce en el propio organismo, por una variación de los sistemas de regulación interna.

2. ¿Cuál de los siguientes órganos forma parte del sistema linfático?

   a. El timo
   b. Las amígdalas
   c. El bazo
   d. Todas las opciones son correctas.

3. De todas las opciones que se indican a continuación, ¿cuál puede verse implicada en una obstrucción respiratoria?

   a. Tumores
   b. Presencia de un cuerpo extraño en el estómago
   c. Lesiones diafragmáticas
   d. Enfermedades de las vías respiratorias bajas

4. El signo que da lugar a acidez estomacal o ardores, distensión gaseosa y flatulencias, dolor abdominal, eructos y náuseas se denomina:

   a. Disfagia
   b. Dispareunia
   c. Dispepsia
   d. Discinésia

5. ¿Cómo se denomina la inflamación por agentes infecciosos de la vejiga urinaria?

    a. Cólico nefrítico
    b. Pielonefritis
    c. Uretritis
    d. Cistitis

Capítulo 4

Diagnosis inicial del paciente en situación de emergencia sanitaria

Contenido

1. Introducción

Ante una situación de emergencia sanitaria, el equipo que asistirá a los pacientes tendrá que emitir un diagnóstico preciso y precoz. Para ello, es necesario conocer no solo la sintomatología de la afección del individuo y los signos que observemos en él (como hemorragias, palidez, etc.) sino también las constantes o signos vitales, como la frecuencia respiratoria, la frecuencia cardíaca, la temperatura corporal, la pulsioximetría y la tensión arterial.

Debido a la importancia que tienen estos parámetros, se estudiará en este tema con la mayor precisión posible tanto a nivel teórico como práctico, de manera que le sea fácil realizar evaluaciones cuando sea necesario.

2. Constantes vitales

Son todos aquellos parámetros que nos indican cual es estado hemodinámico del paciente. Las constantes vitales están relacionadas con las funciones de órganos importantes como los pulmones, el corazón y el cerebro.

2.1. Determinación de la frecuencia respiratoria

La frecuencia respiratoria se establece contando el número de respiraciones por minuto que efectúa el individuo.

En la tabla siguiente se describen las características y forma de determinar la frecuencia respiratoria:

FRECUENCIA RESPIRATORIA
Se expresa en respiraciones por minuto. Se determina durante un minuto.
Una respiración se compone de inspiración y espiración, es decir, se contará una respiración cada vez que se produzcan los dos movimientos de llenado y vaciado pulmonar, o lo que es lo mismo, cada vez que suba el tórax.

Continúa en página siguiente >>

<< Viene de página anterior

FRECUENCIA RESPIRATORIA

Si en el momento de establecer la frecuencia respiratoria el paciente tose o habla, habrá que realizar de nuevo el procedimiento.

Hay que tener en cuenta que existen sujetos que de manera inconsciente pueden modificar el patrón respiratorio al ser sometidos al proceso de medición, por tanto sería aconsejable hacerlo sin que el paciente se diera cuenta.

Si el individuo acaba de hacer algún esfuerzo físico, el resultado que se obtenga también puede estar alterado.

Se dan dos tipos distintos de respiración, la torácica, que es aquella en la que se observa el tórax del paciente elevándose, y la abdominal, en la que intervienen los músculos accesorios, es decir los abdominales y el diafragma, y que se controla de forma voluntaria.

Movimientos de inspiración y espiración

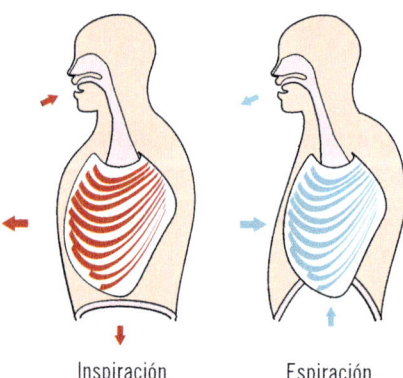

Inspiración   Espiración

Dependiendo de si el patrón respiratorio se ve acelerado o reducido, hablaremos de taquipnea (elevado) y bradipnea (reducido).

Nota

Se denomina disnea a la dificultad respiratoria y apnea a los periodos de ausencia de respiración.

No solo se debe tener en cuenta la frecuencia respiratoria, sino también la profundidad y el ritmo. El número normal de respiraciones depende de la edad.

GRUPOS DE EDAD	FRECUENCIA RESPIRATORIA NORMAL
0-6 meses	30- 60 rpm
6 meses a 1 año	20-40 rpm
1-2 años	20-30 rpm
2 a 10 años	15-22 rpm
Más de 10 años	13-15 rpm
Adultos	12-20 rpm
Ancianos	Más lenta que en adulto < 16 rpm

 Sabía que...

Los pulmones adultos tienen una capacidad de hasta 3 litros de aire y son capaces de movilizar de 5 a 6 litros de aire mientras realizan la respiración. Otra curiosidad es que cuando estornudamos, el aire puede salir a una velocidad de hasta 140 kilómetros por hora.

2.2. Determinación de la frecuencia cardíaca

El número de contracciones que realiza el corazón en un minuto se denomina frecuencia cardíaca. Este movimiento está compuesto por sístole y diástole y es regulado por el sistema nervioso autónomo. Son los impulsos nerviosos los que consiguen la contracción y la relajación rítmica. A una frecuencia cardíaca normal, se le llama ritmo sinusal.

 Nota

La medida de la frecuencia cardíaca se puede realizar en distintas condiciones de reposo y actividad, de hecho existen una serie de pruebas, llamadas pruebas de esfuerzo, en las que el paciente se somete a la determinación de la frecuencia cardíaca mientras realiza un ejercicio, como puede ser una carrera suave en una cinta andadora. La frecuencia cardíaca no solo variará con la actividad física que se esté realizando o se haya realizado, sino también con el estado físico de la persona o si se trata de un sujeto sedentario o una persona acostumbrada al deporte.

Al igual que en la frecuencia respiratoria, la edad también afecta al ritmo cardíaco, presentando el momento del nacimiento la frecuencia más elevada.

El pulso cardíaco también puede verse afectado por la hora del día, siendo más alto por la tarde que por la mañana. Igualmente, se eleva después de comer y se ralentiza mientras dormimos. La temperatura es otra de las causas que hacen que se modifique el número de pulsaciones, de manera que si hace más calor, el ritmo es más elevado. Otros factores son la altura y la contaminación ambiental, siendo normal que a más altura y a mayor índice de contaminación, se aumente la frecuencia cardíaca por la falta de oxígeno. La genética y el metabolismo tienen también importancia a la hora de determinar el ritmo cardíaco así como el sexo. Dependiendo de la composición corporal de cada persona, las pulsaciones varían, teniendo los individuos más altos menos pulsaciones que los más bajos y las personas obesas más pulsaciones que las delgadas. Por otra parte, las situaciones que afectan al individuo psicológicamente alteran también el ritmo, como por ejemplo la ansiedad y la depresión. Por último, hay ciertos medicamentos que pueden variar el pulso aumentándolo o disminuyéndolo.

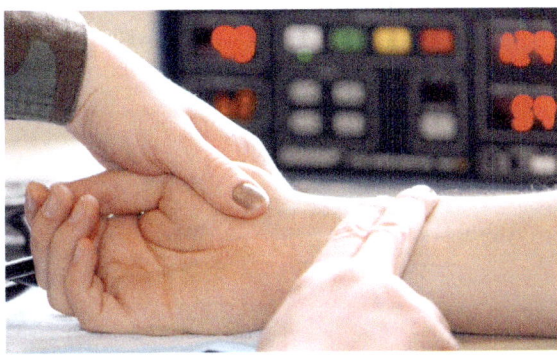

Toma de pulso radial

 Sabía que...

El corazón de la mujer es más pequeño que el del hombre y tiene menor cantidad de volumen sanguíneo, de ahí que la media de pulsaciones por minuto que registran sea superior a la del hombre.

La frecuencia cardíaca se puede determinar en todas aquellas zonas donde se pueda notar el pálpito de una arteria presionando sobre esta mientras se mantiene fija por soportarse encima de una estructura ósea o muscular. Así, algunas de estas zonas que sirven para establecer el pulso son: la parte posterior de la rodilla (o hueco poplíteo), la ingle, la sien (muy usual para determinar el pulso en los bebés) o la cara interna del pie. Las zonas de determinación del pulso que se estudiarán con más detalle son el cuello, donde se encuentra la carótida, y la muñeca donde se localiza la arteria radial y cubital.

En la siguiente tabla se detalla el rango de pulsaciones por minuto con respecto a las distintas edades:

GRUPO DE EDAD	FRECUENCIA CARDÍACA ESTIMADA (EN PULSACIONES POR MINUTO)
Recién nacidos	100-180 ppm
De 1 a 11 meses	100 a 130 ppm
De 1 a 10 años	80 a 120 ppm
Mayores de 10 años	60 a 100 ppm
Adultos sedentarios	70 a 90 ppm
Adultos que practican ejercicio	60 a 80 ppm
Deportistas entrenados	40 a 60 ppm

El pulso en este punto, se llama precisamente pulso radial y pulso cubital debido a la arteria en la que se determina. Cuando se establece en el cuello, se designa como pulso carotideo y para tomarlo, se deben seguir los siguientes pasos:

- Se colocan los dedos segundo y tercero (índice y medio) justo al lado de la garganta, en el lugar donde se encuentra la arteria carótida.
- Se necesita un reloj para determinar el tiempo.
- Cuando se empiece a contar el minuto, la primera pulsación será 0 y a continuación 1.
- Es importante poner los dedos 2º y 3º, porque si usamos el primero (el dedo gordo), habrá error en las pulsaciones que se noten ya que el pulgar tiene pulsaciones propias muy fuertes.
- Cuando el pulso es regular, se suele contar durante 15 segundos y el resultado se multiplica por 4.
- Si la frecuencia cardíaca fuera irregular, contaríamos durante un minuto completo.

Otra forma de determinar la frecuencia cardíaca es mediante auscultación con fonendoscopio, para lo que se debe poner el fonendo en la parte inferior de la areola mamaria (pulso apical).

Auscultación del pulso apical

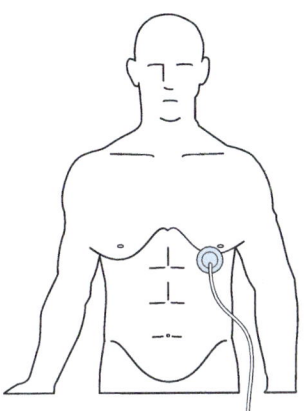

 **Recuerde**

Un movimiento de pulso completo está formado por el movimiento de sístole y el movimiento de diástole.

2.3. Determinación de la temperatura corporal

En las personas, la temperatura normal estará dentro del rango de los 36,5 °C y los 37,3 °C. Estos rangos térmicos quedan establecidos dentro de una terminología aplicada a la temperatura corporal.

TÉRMINOS	RANGO DE TEMPERATURA
Hipertermia	≥38 °C
Febrícula	37,1 a 37,9 °C
Hipotermia	≤36 °C

Antes de efectuar la medición, hay una serie de factores que van a influir en el resultado y que habrán de ser tenidos en cuenta por el profesional sanitario. Los más importantes son los siguientes:

FACTORES QUE INFLUYEN EN LA REGULACIÓN DE LA TEMPERATURA CORPORAL	RAZONAMIENTO
La edad	Recién nacidos y ancianos tienen mayores problemas para regular su temperatura.
La hora del día	Temperatura máxima se establece entre las 18 y 22 horas. La mínima entre las 2 y las 4 horas por el ciclo circadiano.
El sexo	Durante la ovulación femenina, la temperatura corporal puede aumentar hasta 0,5 °C.
El estrés	Aumenta la temperatura por la activación del sistema nervioso autónomo.
Toma de medicación	Antipiréticos (disminuyen la temperatura).
Otros	Temperatura ambiental, tipo de ropa, alimentos de difícil digestión, tabaquismo, etc.

La temperatura se puede determinar en distintos lugares de nuestro cuerpo. El lugar más habitual de toma es en la axila, pero en ella la temperatura será algo inferior al resto del organismo por tratarse de un punto de toma periférico. Otro de los puntos es la boca, aumentándose la temperatura en 0,5 °C, y por último el recto, cuya toma de temperatura puede superar a la oral hasta medio grado más.

El termómetro rectal tiene una forma distinta a los demás, siendo redondeada la parte que se introduce en el recto para que sea más sencilla y menos molesta su inserción. Aunque la toma de temperatura anal no sea muy utilizada, su medición es más exacta que la axilar o la oral.

Existen además otros tipos de termómetros digitales que se aplican en la sien o en el conducto auditivo, siendo su medición inferior a la rectal y la oral.

Nota

Históricamente, el termómetro usado en el medio sanitario había sido de mercurio, pero ha quedado en desuso por tratarse de una sustancia peligrosa. Así, existen unos de igual funcionamiento que contienen galio en su interior. En cuanto a los digitales, su funcionamiento es muy sencillo. Se debe presionar el botón y se aplica en el lugar elegido (axila o boca) esperando a que emita una señal acústica que indicará que ha concluido la medición. Suelen existir fundas desechables para los termómetros, o también se aconseja limpiarlo con alcohol cuando se tenga que usar con pacientes distintos. Además existen termómetros digitales que miden la temperatura en el oído (se usan unos conos desechables para cada paciente) y otros que determinan la temperatura sin contacto directo en la frente.

Cuando haya que determinar la temperatura corporal, será conveniente seguir las siguientes indicaciones:

- En caso de tener fundas desechables, se aplicarán en el termómetro (suelen ser de papel o plástico). Si no las hubiera, habrá de asegurarse que está limpio (limpieza con alcohol).
- Si el termómetro es de mercurio o galio, se debe comprobar que esté por debajo de 35 ºC, y si no es así, habrá de realizar movimientos secos hacia abajo con el termómetro bien agarrado y evitando golpearlo con ninguna pared, mesa, estantería, etc. Se pondrá en el sujeto durante un periodo de 4 o 5 minutos. Después se retira y se mira el lateral, anotando la cifra obtenida. En la actualidad este tipo de termómetros ya no se utiliza debido a la toxicidad del mercurio.
- Los termómetros digitales avisarán cuando hayan terminado de medir la temperatura, de manera que en el visor aparecerá la cifra que debemos anotar.
- Finalmente, limpiaremos el aparato y lo guardaremos.

Importante

Cuando realice la lectura de la temperatura en un termómetro que no sea digital, nunca lo agarre por el bulbo (parte que detecta la temperatura) pues haremos que la temperatura sea superior a la del paciente.

Temperaturas por encima de los 39 °C pueden provocar abundante sudoración y convulsiones en niños y personas epilépticas, por encima de 40 °C, mareos y deshidratación, con 41 °C pueden darse alucinaciones, con 42 °C, todo lo mencionado hasta provocar un cuadro comatoso, y con 43 °C podría desembocar en una parada cardiorespiratoria. La hipotermia entre 35 °C y 33 °C puede producir temblores y confusión, por debajo de 33 °C sufrirá pérdida de memoria y conciencia, y por debajo de 20 °C se puede ralentizar la actividad del corazón. Tanto la hipotermia como la hipertermia deberán ser tratadas en un centro hospitalario con carácter urgente.

Aplicación práctica

Tiene que determinar la frecuencia respiratoria y la temperatura corporal de un paciente que está siendo tratado por el equipo médico con el que usted trabaja. Explique cómo procedería y que instrumentos necesitaría para ello.

SOLUCIÓN

Para determinar la frecuencia respiratoria, es ideal que el paciente se encuentre en un sitio tranquilo y no realice ninguna actividad física anterior a la toma. Bastará con acercarse a él y contar las veces que sube su abdomen. Cada una de estas subidas debe ser tomada como una respiración. Se contará durante un minuto, y se valorará si las respiraciones se producen de forma rítmica o aparecen cambios bruscos. Sin embargo, se aconseja preparar primero el termómetro, desinfectándolo, bajando su temperatura (si es que fuera de mercurio o galio) y poniéndolo en la axila, para aprovechar el hecho de

Continúa en página siguiente >>

<< Viene de página anterior

que al tomar la temperatura el paciente crea que solo le miden la temperatura corporal y no la frecuencia cardíaca (ya que poner un termómetro no provoca tanta ansiedad como medir el pulso, por ser más habitual). Se debe asegurar que el termómetro quede bien colocado y que no haya sudor en la axila. Una vez retirado el termómetro, se limpiará con un desinfectante. Por último, se anotará en el historial del paciente los datos registrados.

2.4. Determinación de la pulsioximetría

Consiste en la medición de la saturación de oxígeno y la frecuencia cardíaca a través de un aparato (pulsioxímetro) que gracias a una luz infrarroja detecta cuanta hemoglobina lleva la sangre y a que frecuencia late el corazón. Este es un método no invasivo, es decir, se establece sin necesidad de entrar al medio interno del paciente. El pulsioxímetro puede ser portátil o fijo, pero todos consisten en una pinza que se coloca en la parte distal del dedo y cuya luz (infrarroja) debe incidir sobre la uña. Los aparatos fijos van conectados a un monitor, normalmente se utiliza en unidades de cuidados intensivos. En el monitor se refleja la lectura de saturación de oxígeno y la frecuencia cardíaca (SpO_2 y FC). Los pulsioxímetros móviles pueden llevar incorporados, sobre la propia pinza, la pantalla donde aparecerán las cifras detectadas. Los parámetros normales de saturación deben estar por encima del 90 %.

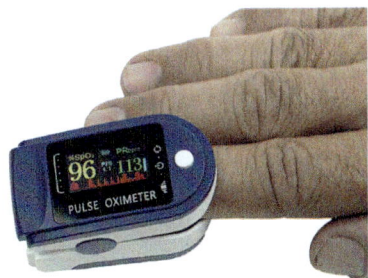

Pulsioxímetro

2.5. Determinación de la presión arterial

La presión o tensión arterial es la fuerza que ejerce la sangre sobre las paredes de la arteria.

La presión arterial puede medirse de forma manual o de forma automática. Entre los aparatos manuales se encuentran los esfigmomanómetros, que pueden ser de mercurio o aneroide. Ya sean de uno u otro tipo, para poder determinar la presión es necesario tener un fonendoscopio que se colocará por debajo del manguito. Los aparatos automáticos tienen un sistema parecido, pero solo es necesario presionar un botón tras haber seguido los pasos de preparación que se indican. La presión arterial se mide en milímetros de mercurio (mm Hg).

Tensiómetros

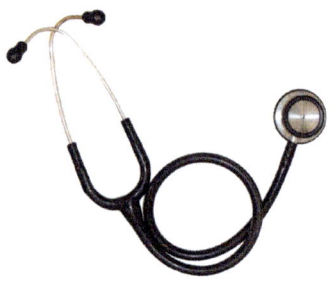

Fonendoscopio

Esfigmomanómetro de mercurio

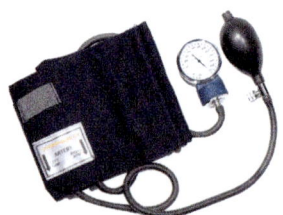

Esfigmomanómetro aneroide

Tensiómetro digital

En la siguiente tabla se detallan las características de los distintos tipos de esfigmonómetros:

TIPO DE ESFIGMOMANÓMETRO	PARTES COMUNES	PARTES DIFERENCIADORAS
De mercurio	Tiene un brazal (manguito) que se infla y una perilla que a través de un sistema de gomas, hará que llegue el aire al manguito.	Tienen un depósito unido a una barra por la que sube el mercurio y al lado de ella habrá una graduación numérica.
Aneroide		El manguito se acompaña de una esfera con las cifras de presión alrededor (tipo reloj) y una aguja indicadora.

Para hacer una medición correcta de la presión arterial, hay que tener conocimiento de un concepto médico llamado **ruidos de Korotkoff.** Este concepto marca la tensión arterial sistólica (TAS) y la tensión arterial diastólica (TAD). Para realizar la medición de los ruidos de Korotkoff, hay que comprimir el brazo con el brazal para detener la circulación sanguínea que pasa por la arteria braquial. Una vez hecho esto, se desinfla el manguito para que la sangre comience a salir a borbotones. Finalmente, se coloca el fonendoscopio sobre la arteria braquial para oír la salida de la sangre en una especie de latidos fuertes y rítmicos. Mientras se escucha a través del fonendoscopio, habrá que mirar la pantalla del esfigmomanómetro donde irá bajando la aguja o el mercurio.

 Ejemplo

Tensión arterial. Si al comenzar a escuchar los ruidos de Korotkoff, la aguja marca por ejemplo 120, esta será la TAS. Cuando dejemos de escucharla, marca 70, estaremos hablado de la TAD. La tensión arterial sería 120/70 mm Hg.

A continuación se detalla el procedimiento y recomendaciones para la toma de tensión arterial:

TOMA DE LA PRESIÓN ARTERIAL
Es importante que el sujeto se encuentre en un lugar tranquilo (sin televisor, radio o personas hablando).
La persona podrá estar sentada, con el brazo boca arriba sobre una superficie lisa que quede aproximadamente, a la altura del corazón. Habrá que evitar que el sujeto cruce las piernas. También se puede realizar con el paciente acostado, con el brazo en posición anatómica. Otra forma de medición ideal en el adulto es de pie. La arteria sobre la que se realiza el procedimiento es la arteria braquial, y se debe localizar mediante palpación.
Es importante que la persona haya estado en reposo unos minutos y no venga de caminar rápido o de hacer un esfuerzo grande.
Se pondrá el manguito (del tamaño apropiado al brazo de la persona) dos dedos por encima de la flexura del codo, bien ajustado. Si el paciente tuviera manga larga y al remangar comprimiera el brazo en exceso, se sacará la manga y se dejará el brazo al descubierto para evitar errores de medición.
Se colocará el fonendoscopio por debajo del brazal sobre la arteria braquial.
Hay pacientes que tienen algún tipo de problema por el que solo se dispone de un brazo para la toma de tensión, como fístulas arteriovenosas para diálisis, limitaciones funcionales o amputaciones.
Lo normal es subir hasta una presión de 160-180 mm Hg, pero si no se escucha la TAS, se deberá subir más hasta que se oiga el inicio de los ruidos de Korotkoff.
Mientras se desinfle el manguito, el paciente no debe hablar ni moverse.
En cuanto a los tensiómetros digitales, es importante que se tengan en cuenta los mismos pasos que se han indicado anteriormente en cuanto a posición e inmovilidad del paciente durante la toma.

 Ejemplo

Si la tensión es de 100/70 mm Hg estaría dentro de la normalidad. Por otra parte, si hay una gran desproporción entre la TAS y la TAD, estaríamos ante una alteración de la tensión.

Por norma general, los valores de tensión arterial normal deben estar por debajo de 140/90 mmHg y por encima de 90/60 mmHg.

Cuando los valores de tensión arterial son altos, se hablará de hipertensión arterial, y si por el contrario son bajos, se trataría de hipotensión arterial.

2.6. Connotaciones especiales de las constantes vitales en el niño, anciano y gestante

Al igual que con la frecuencia cardíaca o respiratoria, la tensión arterial sufre una serie de modificaciones en los niños, los ancianos y las gestantes, que se deben considerar normales en cuanto a la medición de los parámetros de las constantes vitales.

El niño

A diferencia del pulso o la frecuencia respiratoria, la tensión arterial va aumentando con la edad. Así la presión arterial del recién nacido oscila desde los 50/30 mm Hg a los 75/50 mm Hg. Durante el primer año de vida sube hasta los 80/45 mm Hg y 105/70 mm Hg. Finalmente, sus cifras se igualan a las de los adultos entre los 10-14 años.

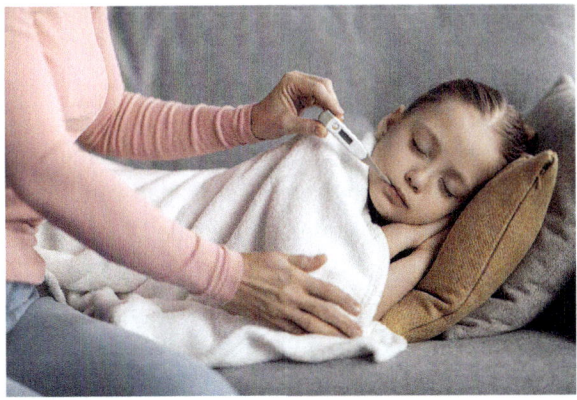

Síndrome febril en niños

Recuerde

A partir del nacimiento hasta que se alcanza la adultez, los parámetros de frecuencia cardíaca van a ser muy distintos. Así, en un niño recién nacido, el pulso varía desde 100 a 180 ppm. Una vez pasado el primer año de vida, este rango disminuye, acercándose a las cifras del adulto.

Con respecto a la frecuencia respiratoria, sucede algo parecido. El recién nacido tiene un rango de 30 a 50 rpm, que va disminuyendo con los años hasta igualarse a los parámetros del adulto.

Con respecto a la temperatura corporal, para el niño se aplican los mismos términos, pero es importante conocer que su sistema inmunitario no está formado de manera definitiva, de manera que son más habituales los síndromes febriles, y pueden aparecer convulsiones con temperaturas de 39 °C.

El anciano

La frecuencia respiratoria en el anciano se encuentra por debajo de la media de los adultos, siendo inferior a las 16 respiraciones por minuto. Esta disminución está condicionada por los cambios que se producen a nivel respiratorio, disminuyendo la superficie alveolar y la capacidad de intercambio gaseoso con el medio. También se reduce la capacidad reactiva de los músculos relacionados con la respiración.

En cuanto a la frecuencia cardíaca, el anciano suele tener cifras por debajo de 60 ppm, debido a modificaciones en la capacidad contráctil del ventrículo izquierdo y aumento de la rigidez de las paredes de las arterias.

La temperatura suele hallarse por debajo de 36 °C, de manera que ante la febrícula, los signos serán parecidos a los que un adulto tendría con una temperatura superior.

La gestante

Durante el embarazo no se producen cambios en la frecuencia respiratoria, aunque puede existir dilatación de los bronquios, modificando el patrón. En las últimas semanas de gestación, el útero puede alterar la posición del diafragma y los pulmones.

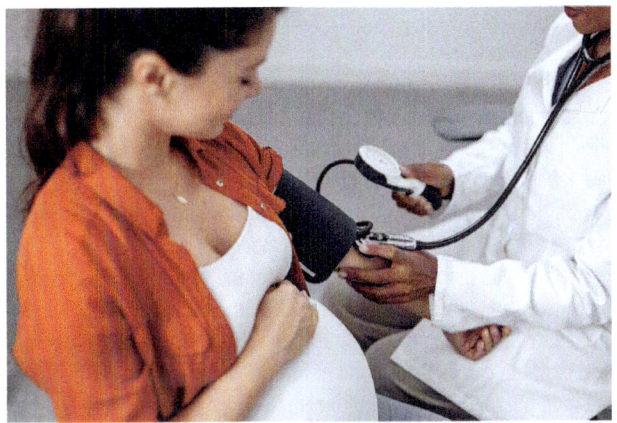

Medición de la presión arterial

El ritmo cardíaco puede elevarse, siendo las cifras mínimas y no patológicas de hasta 90 ppm. Uno de los factores que deben ser vigilados más de cerca en la gestante es la tensión arterial, que puede sufrir variaciones a la baja por el trabajo excesivo de los órganos. Si estas alteraciones fueran a la alza, sería indicativo de patología, repercutiendo en una hipertensión gestacional diagnosticada con valores superiores a 140/90 mm Hg.

En el primer trimestre de la gestación, se suele producir un aumento de la temperatura corporal hasta 0,5 °C causada por la acción hormonal.

Aplicación práctica

Su equipo sanitario y usted tienen que tratar a un paciente de 6 años. Es necesario saber cuál es su frecuencia cardíaca y su presión arterial. El paciente tiene una vía venosa en el antebrazo izquierdo, que ha sido fijada con una tablilla porque el niño tendía a mover el brazo e inutilizar la vía. Ahora se encuentra tranquilo y colabora con usted. Diga como procedería para realizar la determinación de estos signos y que particularidades encontrará al hacerlo por las características del paciente.

SOLUCIÓN

En primer lugar, se debe conocer cuáles son las cifras normales para la edad del paciente, tanto para tensión arterial como para la frecuencia cardíaca. La frecuencia cardíaca normal para esta edad debería oscilar entre las 80-120 pulsaciones por minuto, la TAS debe estar en torno a 100 mm Hg y la TAD sobre 60 mm Hg (entre 45-80). En primer lugar, se localizará el punto donde se va a tomar el pulso. Lo más cómodo por su anatomía sería en la arteria carótida (en el cuello). Ayudándose de un reloj, se contará durante 15 segundos, comenzando en 0 desde el primer latido que se perciba al presionar con nuestro dedo segundo y tercero en la arteria. Pasados los 15 segundos, si el latido es rítmico, se detendrá la cuenta y se multiplicará el resultado por 4, obteniendo así la frecuencia cardíaca. Si no fuera rítmico, se seguirá contando hasta agotar el minuto completo. Una vez anotada la cifra resultante, se procederá a tomar la tensión arterial del niño. Se elegirá un manguito de acuerdo a la circunferencia de su brazo (pediátrico), rodeándolo con firmeza, pero sin apretar. Después de localizar su arteria humeral, se colocará sobre ella el fonendoscopio, y se insuflará el manguito hasta alcanzar la cifra que consideremos adecuada (130 mm Hg debe ser suficiente en niños). Una vez hecho esto, se desinfla lentamente fijándose en qué cifra se empiezan a escuchar los ruidos de Korotkoff y luego donde se dejan de oír. Así, se obtendrá la TAS y la TAD. Obviamente, se elegirá el brazo derecho para estas determinaciones ya que el brazo izquierdo lo tiene ocupado con un equipo de sueroterapia.

3. Signos de gravedad

Cuando se habla de signos de gravedad en urgencias, no solo se hace referencia a aquellos parámetros de los signos vitales conocidos. Además, hay otros como la presencia de hemorragias, problemas neurológicos (como incapacidad para hablar o falta de visión) y la dificultad para caminar.

3.1. Concepto

Son signos de gravedad aquellas señales que indican que la vida del paciente puede correr peligro.

Para determinar qué afectación tiene cada uno de estos signos y evaluar cual puede ser su procedencia, en las emergencias extrahospitalarias se establecen una serie de pasos protocolizados, que se deben seguir al pie de la letra y ninguno de ellos puede ser abandonado para pasar al siguiente sin que se haya solucionado. Esto es lo que se denomina valoración primaria y secundaria.

En la siguiente tabla se detallan algunos signos de gravedad a tener en cuenta en urgencias y emergencias:

SIGNOS	¿EN QUÉ PUEDEN DERIVAR?
Hipertensión arterial	Puede provocar un colapso, con aparición de hemorragias internas sobre todo a nivel cerebral
Hemorragia	Riesgo de pérdida de una cantidad de sangre que puede inducir un *shock* (colapso) e incluso la muerte
Hipertermia	A temperaturas muy elevadas, se pueden producir daños cerebrales graves incluso parada circulatoria
Imposibilidad para caminar	El paciente puede estar sufriendo un infarto cerebral o una parálisis nerviosa por causas diversas que pueden tener consecuencias irreversibles

3.2. Valoración primaria

En la valoración primaria se sigue un algoritmo denominado ABCD.

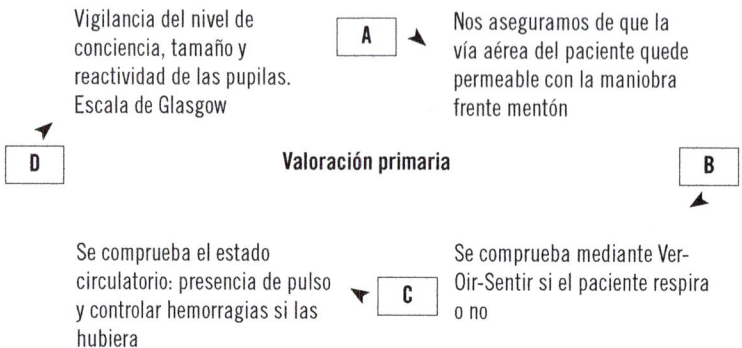

3.3. Valoración secundaria

La valoración secundaria debe aplicarse a cualquier paciente de manera sistemática y de forma "cráneo-caudal", es decir, de la cabeza a los pies. La razón por la que no debe invertirse el orden es muy sencilla: las lesiones que pueden comprometer la vida de la persona van a ser de mayor gravedad cuanto más cerca de la cabeza se sitúen. Bien es cierto que en ocasiones, lesiones de menor importancia por su localización pasan desapercibidas por la persona que valora y no conviene retrasar su diagnóstico ya que pueden aparecer posteriormente secuelas no deseadas, como cicatrices poco estéticas, dolores crónicos, deformidades óseas, infecciones de heridas, etc.

 **Importante**

Esta valoración secundaria debe hacerse en un orden riguroso, pero por sentido común. Por ejemplo: si una de las primeras cosas que advertimos es una herida sangrante en un brazo y después una gran deformidad en una pierna, se atenderá esta y luego se proseguirá por el orden establecido.

La valoración se sirve de varios mecanismos, como la palpación, la observación, la auscultación (pulmonar y cardíaca), la cura de heridas localizadas y por supuesto, la toma de signos vitales.

4. Valoración del estado neurológico

Dentro de los factores que pueden afectar al nivel de conciencia de una persona, se puede distinguir entre causas exógenas, como intoxicaciones, traumatismos y procesos que provocan inflamación de tejidos, y causas endógenas, como las que se derivan de pérdida de la función depuradora de órganos como el hígado. También existen factores metabólicos que pueden afectar al estado de conciencia.

4.1. Valoración del nivel de conciencia. Escala de coma de Glasgow

Un individuo con un nivel de conciencia idóneo se encontrará orientado en el tiempo y el espacio, además de tener coherencia y capacidad de respuesta a los estímulos de manera razonable.

Dentro de las alteraciones del nivel de conciencia, se puede hablar de in-consciencia cuando la capacidad para reaccionar a ciertos estímulos se ve mermada con respecto a la normalidad. En el estado de inconsciencia se distinguen tres fases:

■ Letargia, dificultad para prestar vigilancia adecuada y estable de manera espontánea, tiene que ver con episodios de agitación.
■ Obnubilación, en este estado el paciente necesita estímulos no dolorosos para mantenerse alerta.
■ Estupor, el paciente solo se despierta mediante estímulos que provoquen dolor.

En el coma sin embargo, la atención del paciente no se conseguirá ni con estímulos dolorosos.

La escala de Glasgow es usada en pacientes con alteración del nivel de conciencia y se basa en tres parámetros, la apertura ocular, la respuesta verbal y la respuesta motora. Cada una de ellas tiene distintitos niveles, a los que se les asocia una puntuación, dependiendo de esa puntuación, se podrá valorar el estado de conciencia.

Nota

Se debe conocer los parámetros que se tienen que vigilar en la valoración neurológica como son el nivel de conciencia (mediante la escala de Glasgow), la respuesta motora, el tipo de respiración, la posición de los globos oculares y la exploración de la pupila.

Parámetros valorados por la escala del coma de Glasgow

PARÁMETRO	RESPUESTA	PUNTUACIÓN
Apertura ocular	Los abre de forma espontánea	4
	Los abre cuando le hablamos	3
	Los abre si aplicamos un estímulo doloroso(pellizco)	2
	No los abre	1
Respuesta verbal	Orientado	5
	Desorientado (no sabe donde está ni que pasa)	4
	Su respuesta es inapropiada	3
	Respuestas incomprensibles	2
	No responde	1
Respuesta motora	Obedece a órdenes (levante el brazo)	6
	Localiza el dolor (me duele el brazo)	5
	Se retira ante el dolor (quita el brazo si le pellizcamos)	4
	Flexión anormal del cuerpo	3
	Extensión anormal	2
	No responde	1

La puntuación máxima es de 15 puntos, lo que indicaría que la persona tiene un nivel de conciencia óptimo. Por el contrario, la puntuación de 3, que es la mínima, señalaría que se encuentra en un estado comatoso profundo. Los valores intermedios pueden dar indicios de letargia, obnubilación y estupor.

4.2. Tamaño pupilar y reflejo fotomotor

El tamaño de las pupilas y la posición de los globos oculares son signos que pueden indicar una alteración del estado neurológico. Los globos oculares pueden desviarse dependiendo del tipo de lesión cerebral que exista, de manera que es importante observar dicha desviación.

Varios de los aspectos más importantes son el tamaño, la igualdad y la reactividad de las pupilas cuando aplicamos luz sobre ellas.

 Definición

Reflejo fotomotor
Es aquella respuesta normal que tiene el ojo y su sistema nervioso ante un estímulo luminoso.

Si la reacción ante la luz es igual en ambas pupilas, indica normalidad. Si el paciente tiene la pupila dilatada y fija, puede deberse a tóxicos como los opiáceos, los barbitúricos o insecticidas a grandes dosis, lo que además le provocará obnubilación. Si la intoxicación se produce por alcohol, cocaína u otros psicoestimulantes, la pupila se encontrará extremadamente contraída.

Dilatación pupilar

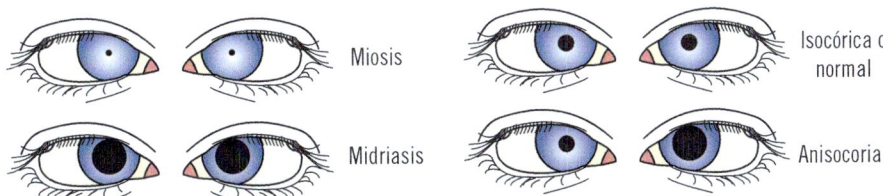

Miosis

Isocórica o normal

Midriasis

Anisocoria

4.3. Detección de movimientos anormales

Con el análisis de la actividad motora también se obtienen ciertos datos para valorar cómo evoluciona el proceso que afecta al nivel de conciencia.

Recuerde

Algunos de estos parámetros son valorados en la escala Glasgow, como el movimiento cuando se indica una orden, por ejemplo, "mueva el brazo derecho" y el paciente realiza la acción. Otro de ellos, es la localización del dolor cuando se ejerce cierto contacto con la zona dañada, emitiendo el sujeto alguna queja verbal o retirando el punto dolorido.

Es importante observar la postura que mantiene el cuerpo del paciente, como por ejemplo, la rigidez por decorticación o la rigidez por descerebración. En la primera el paciente presentará hiperextensión de los miembros, con los brazos flexionados, los puños cerrados y las piernas rectas lo que indica afectación neurológica. La postura de descerebración presentará espasmos y curvatura de la espalda con rigidez, lo que es un signo de gravedad por afectación cerebral y posiblemente irreversible.

También pueden ser indicadores de afectación neurológica, la flacidez, la disminución de la fuerza muscular, la hemiparesias, los episodios convulsivos, los vómitos, el hipo, los temblores y los bostezos.

Nota

Los bostezos pueden ser indicativos de lesiones de los lóbulos cerebrales temporal y posterior.

Rigidez por decorticación y rigidez por descerebración

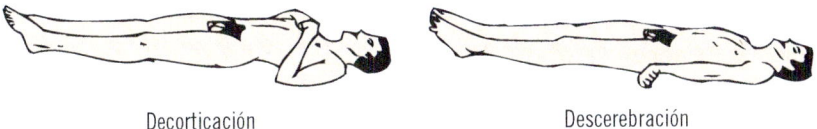

Decorticación   Descerebración

5. Valoración de la permeabilidad de la vía aérea

Es imprescindible para el funcionamiento de las células y órganos del cuerpo humano, que el aporte de oxígeno sea el adecuado en todo momento. Por ello, ante cualquier episodio que pueda detener u obstaculizar este suministro, se debe actuar de forma inmediata.

5.1. Obstrucción parcial

Normalmente, la obstrucción parcial se produce por un atragantamiento con la comida. El cuerpo extraño no tapa del todo la entrada y salida del aire, pero la dificulta. El paciente podrá hablar, toser, respirar e incluso contestar si se le pregunta. En este caso, se indicará al paciente que tosa, para que intente expulsar el cuerpo extraño. Si puede hablar y toser, no se debe golpear, ya que podemos movilizar el cuerpo que obstruye y taponar más la vía aérea.

5.2. Obstrucción total

En este caso los sujetos no podrán hablar, pero pueden asentir con la cabeza. Tampoco pueden respirar, llegando a veces a quedar inconscientes.

Si está consciente se propinarán 5 golpes bruscos con el talón de la mano en la zona interescapular, inclinando al paciente levemente hacia adelante. Si esto no funciona, se procederá a realizar la maniobra de Heimlich, agarrándolo por detrás y aplicando un movimiento hacia dentro y hacia arriba. Se pueden intercalar ambas técnicas, es decir, cinco golpes en la zona interescapular y cinco veces la maniobra.

Es probable que si tras estos intentos pasa un tiempo y la vía sigue obstruida, el paciente puede pasar a un estado de inconsciencia por la falta de oxígeno, de manera que tras tumbarlo en el suelo, se llamará a los servicios de emergencia y se iniciará la reanimación cardiopulmonar.

Maniobra de Heimlich en adulto inconsciente

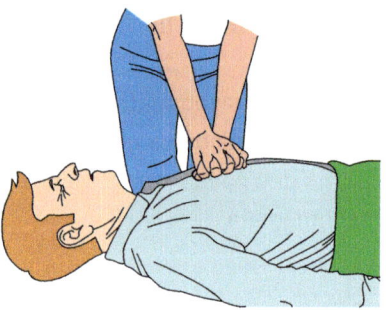

Si el objeto se encuentra en la cavidad oral, pero no se puede alcanzar con los dedos, se dejará tal como está, ya que se podría introducir aún más. Si se dispone de ellas, usaremos unas pinzas o algo que tenga una distancia suficiente, pero sino, se seguirán realizando las maniobras.

 Nota

También se puede aplicar la maniobra de Heimlich con el paciente en el suelo y la cabeza hiperflexionada, pero se recomienda hacer RCP directamente.

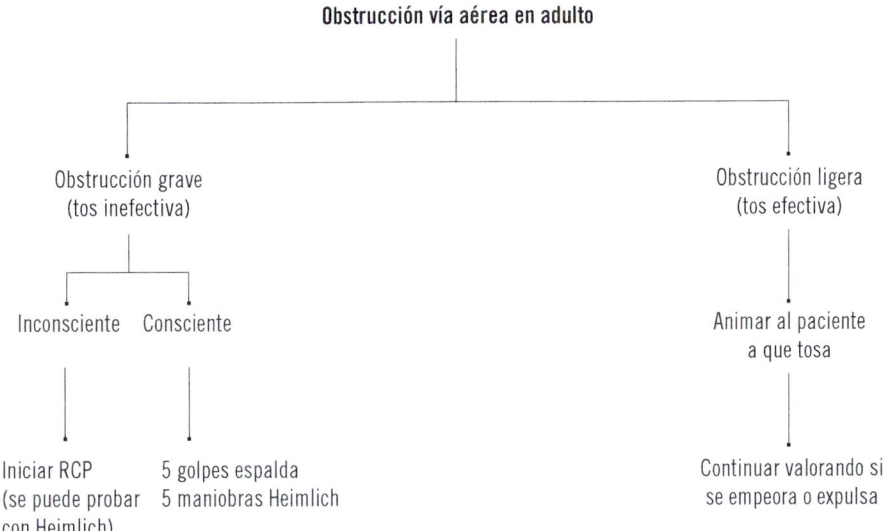

Esquema de actuación ante la obstrucción de la vía aérea por cuerpo extraño

6. Valoración de la ventilación

Cuando se valora la ventilación del paciente, no solo interesa conocer la frecuencia respiratoria, también es importante determinar otra serie de parámetros incluidos en este punto.

6.1. Frecuencia respiratoria

Se define la frecuencia respiratoria como la cantidad de respiraciones que tiene una persona durante un minuto de tiempo. Estas respiraciones se componen de dos movimientos, la inspiración, que consiste en la entrada de aire a los pulmones con un movimiento de expansión de la caja torácica y el pecho, y la espiración, en la que por el contrario, la caja torácica desciende debido a que se desprende todo el aire contenido en los pulmones.

6.2. Ritmo respiratorio

Al hablar de ritmo respiratorio se hace referencia a un término relacionado con la frecuencia respiratoria, ya que esta indica con que ritmo, es decir, con que regularidad, se produce cada una de las respiraciones.

6.3. Esfuerzo respiratorio

Es un indicador no cuantitativo en el que el profesional observa la dificultad del paciente al respirar. Refleja el trabajo muscular que realiza la persona cuando respira. Se manifiesta a través de signos como los jadeos, la respiración entrecortada y determinados movimientos de la boca (como si intentara dar bocados al aire, signo muy usual en cuadros de ansiedad), así como sujeción del abdomen o el tórax indicando dolor y dificultad respiratoria.

6.4. Respiración paradójica

Es una manifestación de dificultad respiratoria. El paciente presentará fatiga muscular y el diafragma no será capaz de contraerse. En estos casos, la musculatura que ayuda a que se produzca la respiración es la intercostal (músculos que se encuentran entre las costillas) y los llamados músculos respiratorios accesorios.

El paciente se encontrará mejor si se tumba sobre un lateral de su cuerpo y pone una mano sobre su abdomen. En un sujeto con respiración paradójica, se observa que el abdomen en lugar de elevarse, se hunde, lo que es un signo muy característico y distintivo.

6.5. Deformidad torácica

A veces, se encuentran una serie de deformidades de la pared torácica que hay que conocer por ser malformaciones de nacimiento y no comprometer la respiración, aunque tengan repercusión estética. La más habitual en niños es el *pectus escavatum* (tórax en embudo), en la que se observa una deformación hacia dentro del pecho a la altura del esternón, y *pectus carinatum* (pecho de paloma), en la que se encuentra elevado. Estas deformaciones se pueden aliviar con cirugía.

En la parrilla costal, se puede observar tras un traumatismo grave, deformidades tanto hacia dentro como hacia afuera, lo que indicaría lesiones óseas, que deben ser identificadas por radiología para su tratamiento, ya que pueden resultar graves produciendo perforaciones en los pulmones y comprometiendo la vida del paciente.

Nota

Así mismo sucede con las clavículas, que, por norma general, dichas deformidades son palpables por encima de la piel y pueden estar causadas por traumatismo.

6.6. Otros signos de hipoxia

La hipoxia es un signo que indica la falta de oxígeno en los tejidos, sobre todo en el tejido cerebral, que es el que necesita un aporte más continuado y cuya carencia puede provocar daños irreversibles. Existen muchos factores que ocasionan hipoxia, entre ellos, la inhalación de humo o monóxido de carbono, la asfixia, enfermedades que provocan parada respiratoria, grandes altitudes, el buceo, etc.

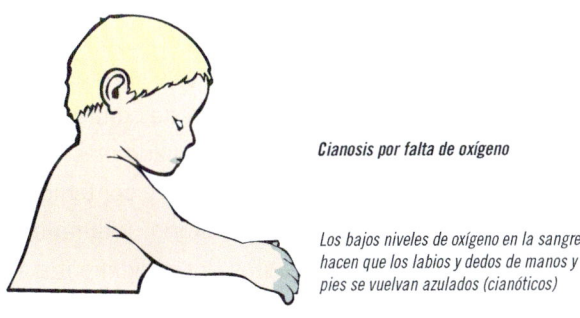

Cianosis por falta de oxígeno

Los bajos niveles de oxígeno en la sangre hacen que los labios y dedos de manos y pies se vuelvan azulados (cianóticos)

A continuación, se describen los signos y síntomas objetivos y subjetivos de la hipoxia:

SIGNOS Y SÍNTOMAS OBJETIVOS DE HIPOXIA	SIGNOS Y SÍNTOMAS SUBJETIVOS DE HIPOXIA
Aumenta la profundidad de las respiraciones	Sensación de falta de aire y ansiedad
Cianosis (uñas y labios de color azulado)	Dolor de cabeza, mareo y nauseas
Confusión mental	Fatiga
Disminución de la coordinación muscular	Sensación de sofocos y escalofríos
Dificultad de razonamiento	Visión borrosa y en túnel
Inconsciencia	Pérdida de sensibilidad

El primer signo que alerta sobre la hipoxia es la presencia de dificultad mental: fallo en la memoria, limitación de juicio y cálculo y reacción retardada ante estímulos.

7. Valoración de la circulación

La evaluación de la circulación es el segundo paso dentro de la valoración primaria del paciente en urgencias. En ella, no solo hay que medir la frecuencia y ritmo cardíaco sino otros parámetros como la presión arterial y el control de hemorragias y perfusión de sangre a los tejidos.

7.1. Frecuencia cardíaca

La frecuencia cardíaca nos indica el número de veces que late el corazón en un minuto. Existen dos movimientos, uno de ellos de contracción del músculo cardíaco llamado sístole, y el otro de relajación llamado diástole. El primero se encarga de aplicar la fuerza necesaria sobre la sangre contenida en el corazón para que pueda recorrer todo el sistema circulatorio, y durante la relajación, se facilita el retorno al órgano impulsor. Estos dos movimientos juntos forman un solo latido.

Toma del pulso carotídeo

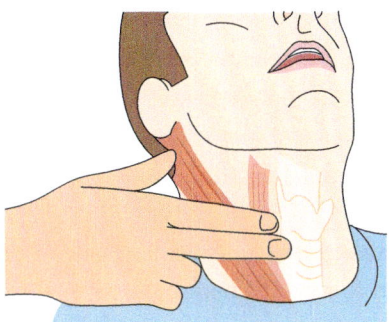

 **Nota**

Cuando existe una gran pérdida de sangre, los pulsos periféricos, como son los cubitales o los radiales pueden ser muy difíciles o imposibles de detectar, de manera que se optará por determinar la frecuencia cardíaca en la arteria carótida o en la arteria femoral.

7.2. Ritmo cardíaco

Lo habitual es que los latidos se espacien entre sí uno de otro en un intervalo de tiempo idéntico, es decir, lo normal es que sean rítmicos. Cuando no ocurre esto, hablamos de arritmia cardíaca, cuya característica es que el latido no es rítmico. Frecuentemente esto supone una emergencia, aunque hay arritmias, que tras ser tratadas adecuadamente, dejan de ser patologías graves.

Otra característica que aparece con respecto al ritmo cardíaco es la amplitud del pulso, es decir, un pulso saltón en el que se pueden apreciar latidos mucho más fuertes o mucho más débiles que el resto.

7.3. Presión arterial

La presión arterial es la fuerza que ejerce la sangre sobre las paredes de las arterias. Las paredes arteriales pueden estar afectadas por una rigidez fuera de lo habitual (usual en hipertensos), por lo que es necesario que se produzca una mayor fuerza de la presión (tensión alta).

Cuando se pierde sangre por una hemorragia, la presión arterial se verá disminuida, y es un signo muy útil para diagnosticar el estado en que se encuentra el paciente.

 Nota

Cuanto mayor sea la cantidad de sangre que ha perdido el paciente, menor será la presión arterial (no hay suficiente cantidad de sangre, de manera que la presión que ejerce sobre las paredes de las arterias está muy reducida con respecto a los parámetros normales).

Cuando existe una bajada de la tensión por debajo de los parámetros de normalidad se habla de hipotensión, lo que en muchas ocasiones tiene que ver con pérdida de sangre en abundancia. Esta hipotensión puede tener como consecuencia el *shock,* que se define como el colapso de los órganos y es la máxima expresión de fallo en la circulación. En este caso, el volumen sanguíneo se ha disminuido tanto que no es capaz siquiera de cubrir las necesidades de los órganos vitales, produciendo el fallo de estos.

7.4. Signos de hipoperfusión

Para valorar si la perfusión sanguínea está siendo o no adecuada, existen una serie de instrumentos. Uno de ellos, es la valoración del llenado capilar, que da información sobre qué cantidad de sangre está llegando al lecho de los capilares. Es un elemento realmente útil cuando se produce una hemorragia, ya que el organismo tiende a suprimir la sangre que circula a nivel periférico para mantener irrigados los órganos más importantes. Si esta exploración indicara que no se produce un llenado adecuado de los capilares, se podría imaginar que ya existe un compromiso circulatorio importante que puede desembocar en un *shock*. Si esto sucediera, se comprime sobre el lecho de la uña, para detener la circulación, luego se retira la presión y se observa cuanto tiempo tarda en restituirse la coloración normal (los capilares se vuelven a llenar de sangre). El tiempo de llenado debe ser inferior a 2 segundos, de lo contrario, la medición de llenado capilar indicaría que no está llegando suficiente sangre a los capilares.

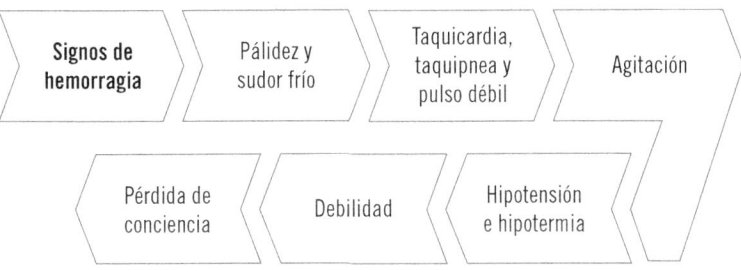

Son diferentes las etiologías de los tipos de *shock,* las cuales se detallan en la siguiente tabla:

PRINCIPALES TIPOS DE *SHOCK*	ETIOLOGÍA
Shock hipovolémico	Gran pérdida de sangre
Shock cardiogénico	Indica problemas cardíacos
Shock anafiláctico	Causado por una reacción alérgica
Shock séptico	Infección generalizada
Shock neurógeno	Causado por daños en el sistema nervioso

7.5. Valoración inicial del paciente pediátrico

De igual modo que sucede en el adulto, la secuencia para la valoración inicial del paciente pediátrico en emergencias debe comenzar por la evaluación de la vía aérea, luego la respiración, la circulación y finalmente, el estado neurológico, aunque se hará atendiendo a indicadores distintos a los del adulto.

 Nota

Para abrir la via aérea del niño, se debe dejar el cuello en línea recta con la superficie donde esté acomodado, no se debe hiperextender (llevar hacia atrás del todo) el cuello, ya que la disposición de su tráquea es distinta y la cerraríamos.

En la tabla siguiente, se establecen qué parámetros se debe observar en el niño, y cuáles de ellos pueden ser indicadores negativos.

ASPECTO GENERAL	HAY AUMENTO DEL TRABAJO RESPIRATORIO SI...	EXISTE MALA PERFUSIÓN CUTÁNEA SI...
Tono muscular (debe moverse y prestar resistencia)	Olfatea	Hay palidez en la piel
Interacción con el entorno (debe estar alerta, coger objetos que ofrecemos)	Rechazo a echarse hacia atrás o acostarse	Aparecen motas o cianosis
Consuelo (el familiar conseguirá apaciguarlo con sus palabras)	Aleteo nasal	Existe sensación de frío (vello de punta)
Mirada (debe tener la mirada fija, si está vacía, mal pronóstico)	Ruidos respiratorios anormales sin necesidad de auscultación pulmonar	
Llora o habla (cuanto más fuerte, menor problema)	Taquipnea	

Se seguirá la secuencia del ABCD para la valoración inicial del niño, evaluando la respiración y la saturación de oxígeno, comprobando la frecuencia y el ritmo cardíaco, la temperatura corporal, el llenado capilar y la tensión arterial (recordando que las cifras de TAD y TAS en el niño son inferiores que en el adulto, estando la TAS por debajo de 100 mm Hg, pero teniendo en cuenta también la estructura corporal del niño).

Tras la evaluación del ABCD, se debe realizar un examen físico y una entrevista para conocer las causas de aquello que provocó la situación de emergencia. Para la exploración física, se seguirá el eje "cabeza-pies" igual que en el adulto. En el caso de obstrucción de la vía aérea en niños, se seguirá un protocolo distinto.

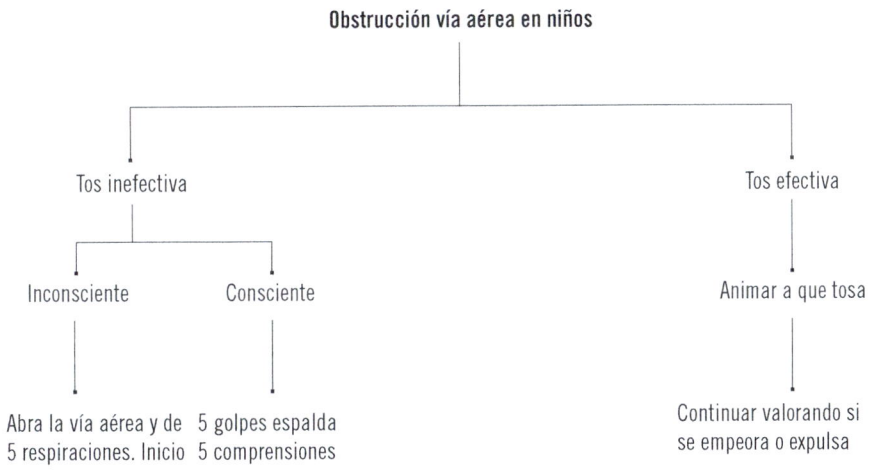

Esquema de actuación ante la obstrucción de la vía aérea por cuerpo extraño en el niño

7.6. Valoración especial del anciano

Existen distinciones a la hora de realizar la valoración inicial en el anciano en emergencias con respecto al adulto.

En la apertura de la **vía aérea** hay que retirar las prótesis dentales que pueda tener el anciano, ya que puede desprenderse alguna de estas piezas, obstruyendo la vía.

Urxencias Sanitarias **061**

HISTORIA CLÍNICA DE EMERGENCIAS. 061 GALICIA

Servicio: _____ Recurso: _____ Fecha: _____

Médico: _____ D.U.E.: _____

Conductor: _____ Ayudante: _____

DATOS DEL PACIENTE

Nombre: _____ Apellidos: _____

Sexo: _____ Edad: _____ Teléfono: _____

Dirección: _____ Población: _____

DATOS DE ASISTENCIA

Procedencia: _____   Médico emisor:

Tipo de asistencia:
- ☐ Alta voluntaria
- ☐ Asistencia in situ
- ☐ Derivación R.T.S.U.
- ☐ Derivación Cruz Roja
- ☐ Derivación otras ambulancias
- ☐ Diagnóstico defunción
- ☐ Parte judicial
- ☐ Traslado hospital
- ☐ Traslado domicilio
- ☐ Transporte secundario
- ☐ Traslado C.S.

Hora de activación: _____   Hora transporte: _____
Hora movilización: _____   Hora llegada: _____
Hora asistencia: _____

CAUSA DE ACTIVACIÓN

Causa de activación: _____

Antecedentes personales: _____

Alergias: _____

Enfermedad actual: _____

EXPLORACIÓN

Vía Aérea

Permeable: ☐ SI   ☐ NO
- ☐ Cuerpo extraño
- ☐ Edema de glotis
- ☐ Lengua
- ☐ Quemadura vía aérea
- ☐ Sangre
- ☐ Secreción
- ☐ Trauma laringo-traqueal
- ☐ Trauma maxilofacial
- ☐ Vómitos

Ventilación

Espontánea: ☐ SI   ☐ NO

Patrón respiratorio

Auscultación respiratoria normal: ☐ SI   ☐ NO

Inspección caja torácica:
- ☐ Normal
- ☐ Asimétrica
- ☐ Paradójica
- ☐ Desviación traqueal

	Derecha	Izquierda
Hipoventilación	☐	☐
Abolida	☐	☐
Crepitantes	☐	☐
Roncus	☐	☐
Sibilancia	☐	☐

Circulación

PULSO							Relleno Capilar
	Carotídeo		Femoral		Radial		
	Izq.	Der.	Izq.	Der.	Izq.	Der.	
Inicial	☐	☐	☐	☐	☐	☐	☐
Final	☐	☐	☐	☐	☐	☐	☐

☐ Ingurgitación yugular   ☐ Hemorragias graves

Piel normal: ☐ SI   ☐ NO:

☐ Cianosis Central ☐ Cianosis periférica ☐ Pálida ☐ Sudorosa ☐ Frío

Neurológico

_____ Glasgow

_____ Focalidad

PUPILAS	
Derecha:	Izquierda:
☐ Normal ☐ Miosis	☐ Normal ☐ Miosis
☐ Midriasis ☐ Arreactivas	☐ Midriasis ☐ Arreactivas

Estado del paciente
- ☐ Inconsciente
- ☐ Estuporoso
- ☐ Inconsciencia previa
- ☐ Obnubilado
- ☐ Amnesia episodio

☐ Inconsciencia previa conocida

de _____ minutos

CONSTANTES / MONITORIZACIÓN

CTE:	Hora:	:	:	:	:
TAS					
TAD					
Frec. Card.					
Ritmo					
Frec. Resp.					
S. PO2					
FIO2					
Glucemia					
Glasgow					
Temperatura					
PCO2					

ELECTROCARDIOGRAMA

Con dolor ☐

Frec. Card. _____ pulsaciones/minuto

Ritmo inicial _____

Comentarios:

Ejemplo de hoja de historia clínica en emergencias extrahospitalarias

En la segunda fase de **respiración** hay que recordar que el número de respiraciones por minuto en el anciano difiere al del adulto, siendo más lenta, y no por eso se tratará de un episodio de bradipnea. Además, se produce casi de manera unánime el uso de la musculatura intercostal (respiración paradójica), debido a problemas crónicos o a modificaciones pulmonares por envejecimiento.

En cuanto a la **circulación,** el paciente geriátrico presenta una frecuencia cardíaca normalmente disminuida con respecto al adulto. Si bien, es común los episodios de taquicardia y arritmias, debido a patologías crónicas, sobre las que habrá que preguntar al paciente o la familia para descartar que sean de nueva aparición para así centrarse en episodios nuevos que provocan la dolencia actual. La presión arterial suele aumentar de forma discreta con la edad, así que cifras de 140/90 mm Hg en el adulto son límites, y en el anciano pueden estar consideradas dentro de la normalidad. También la perfusión sanguínea se ve dificultada con el paso de la edad y con la presencia de ciertas enfermedades crónicas como la diabetes y la hipertensión, de manera que estas harán que la perfusión capilar esté alterada en el anciano y que no llegue bien la sangre a zonas distales, siendo más común o más rápida la aparición de cianosis cuando exista un episodio de privación de oxígeno.

Respecto al **estado neurológico** de la persona mayor, existen patologías asociadas con la edad, como la demencia senil, el Alzheimer, historial de accidentes cerebro vascular previo o Parkinson entre otras, que harán que el estado neurológico del paciente y su nivel de conciencia estén por debajo de la normalidad de forma constante. Además, por norma general el paciente geriátrico se encuentra polimedicado (más de 4 medicamentos distintos), lo que en muchas ocasiones altera también el nivel de conciencia, por las interacciones mantenidas que se producen entre ellos y la dificultad que va teniendo el organismo con la edad de deshacerse de los tóxicos (si los hubiera).

 **Ejemplo**

Si un paciente con demencia no recuerda nunca el día que es o no sabe explicar donde está ni en su propio entorno, cuando se realice el examen neurológico tras un episodio urgente, no estará orientado tampoco, y este será su estado normal.

En la siguiente tabla se detallan los puntos a tener en cuenta en cada una de las fases de valoración con respecto al paciente anciano.

Fases valoración	Se debe tener en cuenta...
A	Retirar prótesis dentarias móviles para evitar obstrucción
B	Frecuencia respiratoria disminuida y respiración paradójica
C	Arritmias, TA elevada, perfusión sanguínea capilar disminuida
D	Degeneración generalizada de las capacidades neurológicas

7.7. Valoración especial de la gestante

Las mujeres gestantes presentan modificaciones importantes en cuanto al posicionamiento de algunos órganos vitales conforme el embarazo va avanzando. Llegados al último trimestre, el útero junto con el feto desplaza al diafragma y los pulmones, aumentando el trabajo respiratorio.

En la evaluación de la **vía aérea,** no hay diferencia a la hora de valorar su permeabilidad, aunque la maniobra de Heimlich no se puede realizar de la misma forma que en el adulto. Si se puede golpear a la gestante entre las dos escápulas, pero nunca presionar por debajo de su abdomen, ya que podría causar daños en el feto. En caso de no desprender el objeto mediante la percusión en la espalda, podemos presionar levemente bajo su pecho, siempre y cuando la presión sea hacia arriba y controlada.

La **respiración** en la embarazada no presenta variación en el ritmo normal, y si en caso de ser preciso hubiera que realizarle respiración artificial, esta se haría de la misma forma que en el adulto, viendo, oyendo y sintiendo que las insuflaciones están siendo efectivas.

La cantidad de sangre durante el embarazo en el cuerpo de la mujer aumenta de manera considerable, debido a las necesidades **circulatorias** del feto. En esta fase si es importante conocer la importancia de los signos de hemorragia e hipovolemia en la gestante, ya que sucede un fenómeno por el que puede perder hasta un 35 % de la sangre sin que la madre presente signos de hipovolemia. Esta pérdida de líquido sanguíneo afectará al feto, de manera que se debe reparar la pérdida de sangre antes de que las consecuencias para el hijo sean irreversibles. La presión arterial en la embarazada suele estar por debajo de los valores normales del adulto.

Dentro de la fase de **valoración neurológica,** no aparecerán grandes novedades, pero si es cierto que existe cierta tendencia a cambios en el estado de ánimo por el efecto hormonal sin que llegue a alterar el estado de consciencia.

A continuación se detallan las particularidades a tener en cuenta con respecto a la valoración por fases en la mujer gestante.

Fases	Particularidades a tener en cuenta
A	Evitar la maniobra de Heimlich en caso de atragantamiento
B	No existen cambios en la frecuencia respiratoria
C	Si hay hemorragia, el peligro lo corre el feto
D	Sin cambios relacionados con la gestación

Aplicación práctica

El enfermero de su equipo se está encargando de administrar medicación a una seño-ra que se encuentra en estado de gestación de 36 semanas (8 meses). Mientras tanto, usted se encuentra vigilando los signos que puedan aparecer, ya que en la valoración inicial detectaron que existe pérdida de sangre. Usted conoce cuáles son los signos y síntomas de hipovolemia, repáselos y explique por qué no puede dejar de vigilar a esta señora.

SOLUCIÓN

Los signos y síntomas más habituales de hipovolemia por pérdida de sangre serán pa-lidez, sudor frío, debilidad, taquicardia y taquipnea, pulso débil, agitación debilidad y pérdida de conciencia. En la embarazada existe una particularidad cuando se presentan hemorragias, y es que no van a exteriorizarse los signos hasta que esta no sea muy grave, ya que el primero en sufrir las consecuencias de la hemorragia será el feto. Aunque la pa-ciente no tenga signos, sabemos que se está dañando al feto, así que habrá que controlar la presión arterial (la hipotensión nos dará pistas de que la pérdida de sangre aumenta) y se podrá actuar con prontitud.

Aplicación práctica

Se encuentra en el servicio de urgencias de guardia. Sus compañeros están aten-diendo a una señora con un corte importante en la muñeca, y mientras tanto el hijo de 3 años de la mujer juega con un bolígrafo cerca de su posición. De un momento a otro, observa que el niño se agita y se lleva las manos a la garganta. Esta solo y tiene que actuar de inmediato mientras alguien acude en su ayuda. En función de lo que cree que está pasando, diga que haría.

SOLUCIÓN

La vía aérea del niño se ha obstruido, seguramente con alguna pieza suelta del bolígrafo. Mientras el niño está consciente, le indica que tosa, y el niño lo intenta sin conseguir que se desprenda nada. Usted mira en su boca, por si el objeto estuviera a su alcance, pero no ve nada y el niño comienza a desesperarse. Lo sujeta de espaldas a usted y le propina

Continúa en página siguiente >>

<< Viene de página anterior

5 golpes fuertes en la zona interescapular con el niño inclinado, seguido de 5 veces la maniobra de Heimlich. Realiza esta secuencia, y si el objeto no sale puede ser que el niño pierda el conocimiento, en ese caso, lo colocará sobre su regazo, con las piernas más altas que la cabeza, e iniciará las maniobras de RCP, 5 compresiones torácicas y 5 ventilaciones, combinándolas con 5 percusiones en la espalda y se observará si sale el objeto, vigilando la boca cada vez que le de la vuelta.

---

8. Resumen

Los signos vitales son parámetros que indican cual es estado hemodinámico del paciente y están relacionados con las funciones de órganos importantes. Son la frecuencia cardíaca, la frecuencia respiratoria, la temperatura, la presión arterial y la saturación de oxígeno. Esta última, junto con la frecuencia cardíaca se determina mediante la pulsioximetría.

Existen dos herramientas de valoración para los pacientes urgentes: la valoración primaria y la secundaria.

Con el estado neurológico se evalúa el nivel de conciencia del sujeto, que puede estar en distintos estadios como son la letargia, la obnubilación, el estupor y el coma. Se mide en la escala de Glasgow. Otros indicadores son convulsiones, espasmos o posturas de decorticación y descerebración.

En la función respiratoria, hay que evaluar la hipoxia, que es la falta de oxígeno en el cerebro y que puede ocasionar daños irreversibles.

También hay que valorar las hemorragias ya que provocan hipovolemia (disminución del volumen de la sangre y líquidos extracelulares).

El paciente pediátrico, el anciano y la mujer gestante presentan parámetros distintos que hay que tener en cuenta para una valoración correcta del estado del paciente.

Ejercicios de repaso y autoevaluación

1. **Indique, de las siguientes afirmaciones, cuál es falsa:**

    a. El pulso cardíaco solo se puede determinar en zonas donde se pueda presionar una arteria contra otra superficie corporal rígida (como un músculo o una arteria).

    b. La frecuencia respiratoria puede medir en 10 segundos y luego se multiplica por 6.

    c. Consideramos febrícula cuando la temperatura corporal va desde los 37,1 ºC hasta 37,9 ºC.

    d. Para determinar la tensión arterial de una persona debemos tener en cuenta el diámetro de su brazo, ya que todos los esfigmomanómetros no sirven para todos los pacientes.

2. **¿Cuál de estos grupos tiene la temperatura corporal más elevada en condiciones normales?**

    a. Los niños

    b. Los adultos

    c. Las gestantes

    d. Los ancianos

3. **¿En qué etapa de la valoración inicial evaluamos si la perfusión sanguínea a los capilares es adecuada?**

    a. En la fase A

    b. En la fase B

    c. En la fase C

    d. En la fase D

4. **Indique qué grupo de signos son habituales en un episodio de hipoxia:**

    a. Cianosis, confusión mental y dificultad en el razonamiento.

    b. Disminución de la coordinación muscular y problemas de visión borrosa.

    c. Sensación de falta de aire, dolor de cabeza y aumento de la profundidad de las respiraciones.

    d. Todas las opciones son correctas.

5. **Cuando se produce una hemorragia, ¿por qué tiende la sangre a abandonar los capilares sanguíneos?**

    a. Porque se acumula en los órganos vitales para que estos no fallen por falta de sangre.

    b. Es un signo del *shock* hipovolémico.

    c. Porque los capilares se bloquean ya que no necesitan oxígeno.

    d. Sucede de manera aleatoria, no siempre se mantienen irrigados los órganos vitales.

Capítulo 5

Cumplimentación de la hoja de registro acorde al proceso asistencial del paciente

Contenido

1. Introducción

Dentro de todos los aspectos importantes que se deben conocer para desempeñar tareas en el ámbito sanitario, uno de los que no se debe obviar es el registro de los datos y los procedimientos que se apliquen al paciente. Es más habitual de lo que sería deseable que en algunos ámbitos, como los servicios de urgencias prehospitalarias, se omita la anotación de las técnicas que se realizan con el paciente debido a que la asistencia se produce de forma rápida.

El técnico en emergencias sanitarias debe conocer cuáles son los datos mínimos que se registran con cada paciente, así como la forma de realizar estos registros. En el tema que nos ocupa, se presentarán las hojas y gráficas de registro con las que se trabaja, así como los conceptos y términos relacionados con la burocracia de acuerdo con la anotación de los procesos de asistencia a los pacientes, ya que la recogida y el correcto tratamiento de los datos está contemplado en la ley como un deber del profesional.

Conviene recordar que las competencias en materia de sanidad las asume la comunidad autónoma y aunque existen ciertos aspectos en los que las autonomías coinciden, otros muchos varían de una a otra pudiendo esto afectar a algunos de los datos a registrar.

2. Conjunto mínimo básico de datos

El Conjunto Mínimo Básico de Datos o CMBD, es un registro administrativo que comprende una serie de datos clínicos relacionados con la asistencia al paciente, desde el centro en el que ha sido atendido, el proceso al que ha sido sometido, los profesionales responsables, datos del paciente, como su número de historia y número de seguridad social, procedimientos a los que se ha sometido, etc. Este registro es obligatorio en España, y facilitará el análisis de la asistencia sanitaria posterior.

Es importante que exista una base de datos sólida, uniforme y que tenga la capacidad suficiente para que todos los procesos de gestión hospitalaria puedan funcionar de una forma adecuada. Además hay otros parámetros que hacen necesaria la existencia de este servicio de recogida de datos, como son los estudios clínicos y los datos epidemiológicos. Ambos se sirven de los datos contenidos en el conjunto mínimo de datos para la estadística de los procesos de enfermedad que afectan a la población.

Este servicio de acumulación de datos de los pacientes es muy estricto, y una vez el paciente abandona el hospital, pasa al archivo, donde se codifican los datos personales y de la asistencia prestada durante su estancia hospitalaria. En el CMBD se incluye un gran número de parámetros distintos, tal y como se puede ver en la siguiente tabla:

Datos administrativos del paciente	Fecha de nacimiento y sexo
	Procedencia
	Ocupación
	Financiación

Datos administrativos del episodio	Área hospitalaria de procedencia
	Fecha de ingreso o contacto
	Servicio responsable
	Etc.

Datos clínicos	Diagnóstico principal
	Diagnósticos secundarios
	Procedimientos quirúrgicos
	Procedimientos terapéuticos

Algunos parámetros de registro del CMBD

2.1. Filiación

El término **filiación** hace referencia a la custodia de un hijo a su nacimiento, adscribiendo los datos del recién nacido a su padre, a su madre o alguna persona que por falta de estos y por derecho, haga frente a esa filiación.

También se puede llamar filiación al derecho a la asistencia sanitaria por varios medios, del que el niño se beneficiará por el simple hecho de que su padre (o persona que ejerza la patria potestad) esté al corriente de sus obligaciones.

Este derecho a la asistencia sanitaria nace en el momento en que el titular y sus familiares beneficiarios se registran en el sistema de afiliación. El derecho permanece en vigor hasta el momento en que la persona deja de cumplir las condiciones que se requieren (el pago de las cuotas de la seguridad social) o cuando fallece.

 Nota

Este derecho se regula por varias vías como la Constitución española, la Ley General de Sanidad y otras leyes de regulación en materia de seguridad social.

Dentro del sistema de seguridad social de España, existen distintos regímenes de cotización:

Régimen general
Regímenes especiales
Régimen agrario
Régimen de trabajadores autónomos
Empleados de hogar
Minería del carbón
Trabajadores del mar
Funcionarios civiles

Tipos de regímenes de cotización

Las empresas podrán realizar la inscripción en el régimen general de la seguridad social a través de la misma seguridad social o por las mutualidades de accidentes de trabajo y enfermedades profesionales de la seguridad social. Cada persona contará con un número de cotización personal compuesto por 12 números iniciado con un dígito de control que depende de la provincia y la comunidad autónoma de adscripción.

Dentro de las coberturas que proporciona la afiliación a la seguridad social se incluyen la asistencia sanitaria a nivel hospitalario y de atención primaria, tanto en casos de enfermedad común como profesional, así como accidentes y maternidad. También se cubren procesos de rehabilitación en la recuperación de estas enfermedades, y prestaciones económicas en situaciones de incapacidad temporal, maternidad, muerte y supervivencia, invalidez, jubilación y desempleo.

Número de afiliación **23 / 12345678 / 23**	Consta de 12 números
	Los dos primeros corresponden a la provincia (23 = Jaén este ejemplo)
	El resto son números aleatorios
	Los dos últimos son dígitos de control

Número de cuenta de cotización 02 / 1234567 / 50	Consta de 11 números
	Los dos primeros corresponden a la provincia (02 = Albacete este ejemplo)
	El resto son números aleatorios
	Los dos últimos son dígitos de control

Ejemplo de número de afiliación y número de código de cuenta de cotización

2.2. Lugar y hora de la asistencia

Cuando se presta asistencia a un paciente o varias víctimas tras un acontecimiento de emergencia, no se debe omitir el registro de los datos del episodio. Esta omisión en la anotación de información con respecto a la asistencia, conlleva un perjuicio para el propio paciente, quedando su historial inconcluso y pudiendo derivar en problemas legales para los profesionales y el hospital.

El registro de datos que se lleva a cabo en unidades de hospitalización, de atención primaria o de urgencias hospitalarias, es muy distinto entre sí. También lo es la toma de datos que se realiza en el medio extrahospitalario, que será más escueto y conciso, pero no por ello menos importante. Estos sistemas de registro se han adaptado para cada campo asistencial, teniendo en cuenta las diferencias de aplicación de técnicas y procedimientos que se ejecutan en cada uno de ellos.

 Importante

En casos de parada cardiorespiratoria, es muy importante saber a qué hora se iniciaron las maniobras de resucitación cardiopulmonar, ya que pasado un tiempo, si no se ha pasado a recibir RCP avanzada, aumentan considerablemente las posibilidades de aparición de secuelas irreversibles.

Alerta del centro coordinador

El registro de datos es muy importante en la asistencia a un paciente.

Así, en atención prehospitalaria y de urgencias, el equipo de asistencia sanitaria debe conocer cuáles son los parámetros que hay que registrar de manera ineludible, como por ejemplo la hora y lugar de la asistencia.

Esto hace referencia al momento del primer contacto entre el paciente y el equipo de emergencias sanitarias.

Lo mismo ocurre en casos de hemorragias o en situaciones extremas en las que se aplican torniquetes por la gravedad del sangrado. En estos procesos, se debe anotar el momento en que se inician las técnicas de detención de la hemorragia, para saber si el tiempo en el que se ha expuesto al paciente a la falta de riego sanguíneo puede derivar en lesiones irreversibles en los tejidos.

Otro aspecto importante acerca de la hora en la que se presta asistencia a la persona, está relacionado con los datos estadísticos. Como norma general, el aviso de asistencia médica en el medio extra hospitalario se filtra a través de un centro coordinador de urgencias y emergencias. Este centro recibe la llamada de socorro y toma nota de los datos del paciente y el episodio que ha sufrido. Se registra la urgencia y se moviliza al equipo médico correspondiente para que acuda a prestar asistencia.

 **Nota**

El tiempo de respuesta abarca desde el momento que el equipo recibe el aviso, hasta que llega al lugar de los hechos, anotándose estadísticamente para medir los tiempos medios.

También tiene importancia el **lugar de la asistencia** por el tiempo estimado de llegada, ya que no es lo mismo que el equipo se desplace a un lugar cercano a que la asistencia se realice en un lugar de difícil acceso.

2.3. Constantes vitales

La determinación de constantes vitales es muy importante en la asistencia a víctimas en el ámbito prehospitalario. Por norma general, está dentro de las funciones enfermeras la anotación de las constantes vitales en las llamadas gráficas de enfermería.

Cada servicio de asistencia extrahospitalario, de igual forma que sucede en atención hospitalaria, cuenta con un formulario de registro de asistencia que varía según dicho servicio, pero que comprende datos como nombre y filiación del paciente, edad, lugar de asistencia, motivo, fecha y hora de la asistencia, datos clínicos y antecedentes del paciente, así como tratamientos y actuaciones llevadas a cabo en la asistencia. Este documento será crucial para una correcta transferencia del paciente al centro hospitalario, con la seguridad de que el trabajo de los profesionales queda registrado de forma fidedigna.

Así mismo, existen programas informáticos, que en soportes adecuados, son utilizados por los equipos de urgencias y emergencias en los cuales se registran los datos anteriormente mencionados en un soporte informático, que se añade de forma automática a la historia de salud digital del paciente.

2.4. Antecedentes patológicos (patología de base, alergias, medicación habitual)

Dentro del registro de datos del paciente es muy importante la entrevista clínica de la que se obtendrán los datos relativos a sus antecedentes: enfermedades actuales y pasadas, tratamientos actuales, cirugías a las que se haya sometido y otros antecedentes familiares de importancia.

La fuente de información será el propio paciente, la familia o la historia de salud, si es que se pudiera acceder a ella.

Dependiendo del caso, se encontrarán muchos pacientes que no conocen el nombre de su medicación, pero que pueden indicar de manera genérica las patologías crónicas que padecen, como la hipertensión, la diabetes o procesos por los cuales están anticoagulados y por lo tanto requieren la toma de medicación anticoagulante o SINTROM.

 Sabía que...

El **Sintrom** es el nombre comercial del medicamento "acenocumarol", que se utiliza en casos en los que hay riesgo de que se produzcan trombos sanguíneos que puedan dar lugar a embolias o infartos. El paciente anticoagulado tiene unas características especiales que serán mucho más pronunciadas por el efecto de la medicación, especialmente, en los casos de hemorragias.

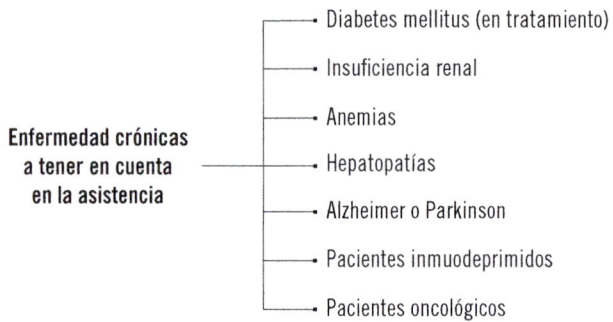

Enfermedades crónicas importantes en la valoración

Con respecto a las alergias, es muy importante anotarlas en un lugar de fácil visualización para que pueda ser visto por todos los profesionales.

Cuando no existen alergias a medicamentos conocidas por el paciente o la familia se pueden utilizar las abreviaturas N/C (que significa "No conocidas") o NAMC (no alergias medicamentosas conocidas).

2.5. Valoración primaria y secundaria

La asistencia a pacientes en el medio extra hospitalario se lleva a cabo de una manera protocolizada y ordenada. De igual forma, las anotaciones que se deriven de estas actuaciones deben seguir un orden similar. Así, si se realiza una valoración secundaria, en la que se evalúa al paciente siguiendo una secuencia de observación cráneo-caudal, las anotaciones de las alteraciones que se encuentren se harán en el mismo orden.

 Nota

Existen para la toma de datos una serie de gráficas en las que a través de una imagen, se marca la zona donde se encontró la lesión. Este tipo de hojas, no es una constante en todas las unidades, pero es conveniente saber de su existencia.

También deben ser anotadas las actuaciones llevadas a cabo en la valoración primaria del paciente en urgencias, es decir, si se encuentra un objeto extraño, maniobras de RCP, los resultados de aplicar la escala de coma de Glasgow, el foco de una hemorragia, etc.

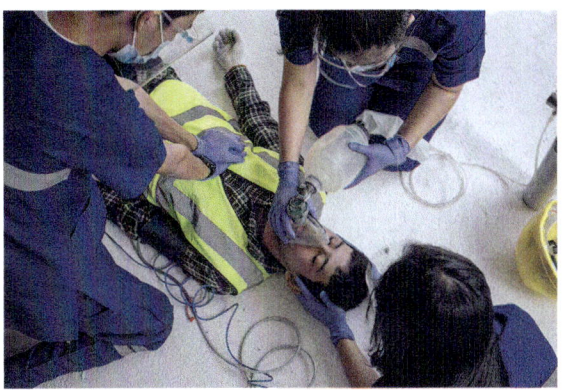

Personal sanitario realizando maniobras de RCP extrahospitalario

3. Signos de gravedad

Por signos de gravedad se entienden todos aquellos datos que inducen a pensar que el episodio que sufre el paciente puede provocar lesiones irreversibles o incluso la muerte del sujeto si la asistencia no se presta de manera inmediata.

3.1. Indicar contacto con médico coordinador

En el momento en que se produce el caso urgente o emergente, la persona que es testigo de ello o la propia víctima, avisa a los servicios de emergencia. La llamada se recibe a través del centro coordinador, que con un equipo de telefonistas cualificados, tomarán los datos del sujeto que necesita la atención y localizarán los servicios que requiere la situación.

Importante

Tomar nota de la hora en que se recibe el aviso del centro coordinador. Todo este sistema se ve protegido por la grabación de las llamadas, así como un sistema informatizado que refleja cada minuto y cada paso que se da en el traspaso de la información.

Una vez transferida la información al equipo destinatario, se hace responsable de la asistencia el médico que prestará el auxilio.

A continuación, se detallan los puntos a seguir en el protocolo de actuación para la asistencia del paciente en emergencias extrahospitalarias.

Alarma	El paciente o un testigo se ponen en contacto con el centro coordinador a través de un número de emergencias
Recogida de datos	El centro coordinador recoge la información del caso y lo procesa
Determinación de la prioridad	Un médico del centro coordinador determina la prioridad e importancia del caso, así como los medios precisos para asistirlo
Alerta al equipo sanitario	El centro coordinador pasa el aviso al equipo de emergencias para que preste la asistencia necesaria

Protocolo de actuación para la asistencia del paciente

3.2. Oxigenoterapia

Uno de los tratamientos más habituales en cualquier tipo de emergencia es la aplicación de oxigenoterapia al paciente. Durante los traslados de los sujetos aquejados de patologías urgentes, se suele transportar al paciente con algún sistema de oxígeno, bien sea mediante gafas o mediante mascarilla. Esta técnica, por supuesto, debe ser registrada, no solo el tipo de dispositivo usado para la aplicación de la oxigenoterapia, sino también la cantidad de litros por minuto y el porcentaje de concentración de oxígeno.

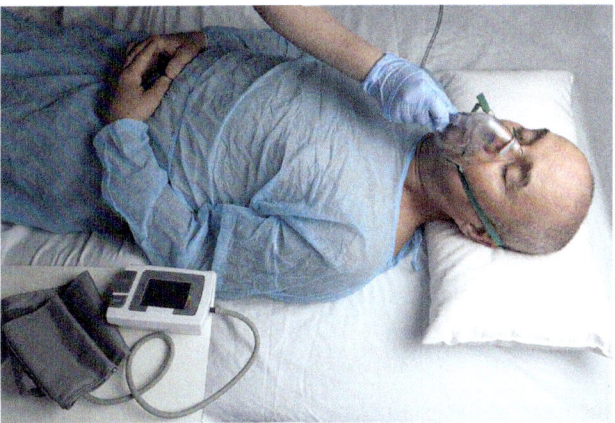

Oxigenoterapia mediante mascarilla tipo venturi

3.3. Técnicas realizadas (DESA)

Las siglas DESA designan el aparato de desfibrilación semi automático. Desde hace unos años hasta ahora, se está implantando en empresas y lugares de práctica deportiva o espacios de gran concurrencia como centros comerciales y parques de ocio. El DESA es un tipo de desfibrilador que tiene la capacidad de analizar por sí solo el ritmo cardíaco del paciente, para proceder o no, a la desfibrilación por sí mismo.

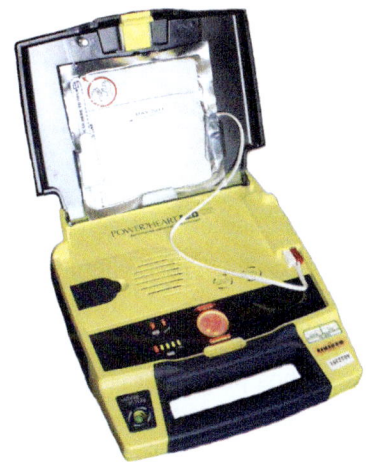

Desfribrilador semiautomático

En el territorio español existen diferentes normativas con respecto al uso de los Desfibriladores Semiautomáticos, dependiendo de las comunidades autónomas, existiendo además otras comunidades en las que no se encuentra especificado quién puede utilizar el dispositivo. En muchas de estas comunidades como Andalucía o Asturias, se exige que la persona que lo utilice tenga una formación específica en el uso del DESA y en maniobras de RCP y/o sean profesionales sanitarios. Sin embargo, en otras comunidades como Canarias, prevalece el uso de cualquier persona que pueda asistir con mayor rapidez en caso de una parada.

Tras la realización de las maniobras de RCP básicas, la persona cualificada para el uso del DESA puede proceder a su utilización. Posteriormente, una vez el equipo médico haya llegado al lugar donde se encuentra el paciente, debe indicarse el procedimiento que se ha seguido con el DESA para que quede constancia de ello por escrito.

 Nota

El DESA consta de una pantalla y unas placas adhesivas que se pondrán en el tórax del paciente. Después de su correcta colocación, el monitor lee el ritmo cardiaco y "decide" si es necesaria la desfibrilación.

3.4. Dispositivos inmovilizadores

Otra de las funciones del técnico en emergencias sanitarias consiste en el mantenimiento y preparación de los aparatos de inmovilización para el transporte de pacientes. Existe una gran variedad de ellos y en todos hay que tener especial cuidado en su manejo. Algunos son fácilmente apilables, aunque el material con el que están hechos puede ser vulnerable a pinchazos y roturas. Todos estos dispositivos de inmovilización suelen estar almacenados en las ambulancias. Se usan para reducir el dolor de las lesiones del paciente así como para reducir la posibilidad de que se produzcan otras nuevas causadas por movimientos del sujeto o de los sanitarios durante su traslado.

Otros dispositivos de inmovilización son los collarines, férulas, colchones, camillas de cuchara o tijera, tablero espinal largo, vendajes y materiales improvisados.

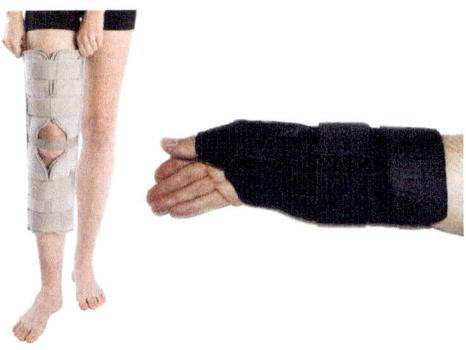

Férulas de inmovilización: miembro inferior y superior

 **Nota**

Las férulas actúan por medio de un sistema de vacío que acoge la extremidad inmovilizándola como si se tratara de una escayola.

3.5. Firma del profesional

Como último de los puntos a tener en cuenta sobre el registro de los datos de la asistencia, es la identificación del profesional que presta la ayuda que se ha estado registrando. Es muy importante definir cuáles han sido las técnicas llevadas a cabo por cada uno de los miembros del equipo sanitario.

Por norma general, en todos los tipos de hojas de registro aparece un apartado reservado a la identificación del profesional. Esta se puede hacer de varias formas:

Sello del profesional	Debe figurar el nombre, el número de identificación del mismo (CNP) y/o número de colegiación
Nombre y firma manuscrito	El profesional estampa su firma legal, acompañada de su número de colegiado o su número de identificación
Nombre y firma creada digitalmente	En informes realizados por medio de programas informáticos, los datos del profesional aparecen automáticamente
La fecha	Es importante no olvidar registrar la fecha de la asistencia junto con los datos del profesional

Identificación del profesional sanitario

4. Registro UTSTEIN (parada cardiorrespiratoria)

La **parada cardiorrespiratoria** es la emergencia cardiovascular con mayor mortalidad. Debido a la importancia de este evento, desde 1990 se registran todos los parámetros que rodean la parada cardiorrespiratoria, tanto los desencadenantes, como los procedimientos que se apliquen en el soporte vital básico y en el avanzado.

A pesar del registro Utstein, en las situaciones de paro cardíaco, tanto en el medio extra hospitalario como intrahospitalario, se siguen produciendo deficiencias en la anotación de este gráfico, quedando muchas veces incompleto. De los parámetros que se registran se destacan los siguientes:

Actuación ante situación de paro cardíaco

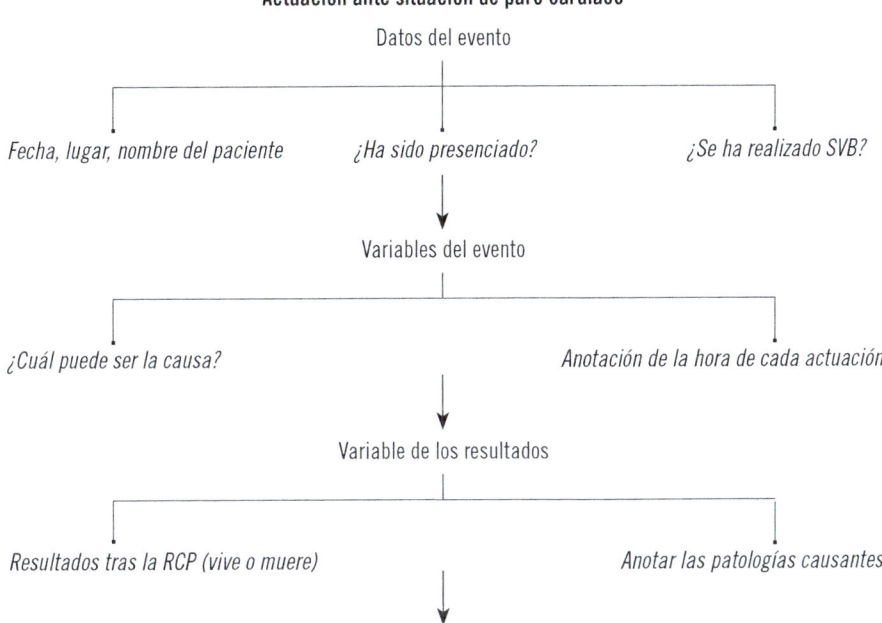

Datos del evento

Fecha, lugar, nombre del paciente   ¿Ha sido presenciado?   ¿Se ha realizado SVB?

Variables del evento

¿Cuál puede ser la causa?   Anotación de la hora de cada actuación

Variable de los resultados

Resultados tras la RCP (vive o muere)   Anotar las patologías causantes

Existe un último apartado en el que se pueden registrar otros datos como la persona
que dió la RCP y otros datos que no se contemplan en los apartados anteriores.

 ## Aplicación práctica

Usted trabaja para el dispositivo de urgencias y emergencias de Villarosa de la Sierra.
Acude con su equipo a prestar asistencia a un paciente de 24 años que ha sufrido un
accidente de moto. Son las 20:45 horas cuando llegan al lugar de los hechos. El paciente se encuentra consciente, pero tiene una herida sangrante en el miembro inferior derecho, a la altura del tobillo. Toma sus constantes con los siguientes resultados:
TA: 100/50 mm Hg; FC: 130 ppm; FR: 18 rpm; y Tª: 37.5 ºC. Se le ponen unas gafas de
oxigenoterapia a 2 litros por minuto. Se canaliza vía venosa periférica y se administran
500 cc de suero glucosalino al 5 %. De los datos que nos da, localizamos su nombre
Oswaldo Smith, y su número de historia clínica es 123456789. No se conoce su peso ni
su talla. A la llegada al hospital al que lo traslada, las constantes vitales son TA: 110/60
mm Hg; FC: 72 ppm; FR: 12 rpm; Tª: 36.8 ºC.

Con los datos de que dispone, complete la gráfica siguiente.

Continúa en página siguiente >>

<< Viene de página anterior

			DISPOSITIVO DE URGENCIAS Y EMERGENCIAS DE VILLAROSA DE LA SIERRA

Nombre:	Fecha:
Apellidos:	
Nº de Historia:	Edad:	Hora de entrada:
Alergias medicamentosas:	

P	FC	TA	Tª			OXÍGENOTERAPIA:
						Litros x minuto:
32	220	210	39,5			
29	200	190	39			Mascarilla tipo:
26	180	170	38.5			Fluidoterapia:
23	160	150	38			Cantidad: CC
20	140	130	37,5			Vómitos:
17	120	110	37			Hemorragias:
14	100	90	36,5			Localización:
11	80	70	36			Peso:
8	60	50	35,5			Talla:
5	40	30	35			Firma del profesional:

Continúa en página siguiente >>

<< Viene de página anterior

Se deben rellenar los datos de nombre y apellidos en los recuadros adecuados. En el apartado de alergias, se pondría NC (no conocidas). No debe olvidar firmar el documento. Con respecto a los datos de constantes vitales, sería ideal hacerlo con bolígrafos de distintos colores según corresponde y como se indica en la siguiente imagen.

DISPOSITIVO DE URGENCIAS Y EMERGENCIAS DE VILLAROSA DE LA SIERRA						
Nombre: *Oswaldo*					Fecha:	
Apellidos: *Smith*						
Nº de Historia: *123456789*			Edad: *24*		Hora de entrada: *20:45*	
Alergias medicamentosas: *NC*						

P	FC	TA	Tº			OXÍGENOTERAPIA: *Sí*
32	220	210	39,5			Litros x minuto: *2 litros por minuto*
29	200	190	39			Mascarilla tipo: *Gafas nasales*
26	180	170	38.5			Fluidoterapia: *Suero glucosalino 5 %*
23	160	150	38			Cantidad: *500* CC
20	140	130	37,5			Vómitos: *No*
17	120	110	37			Hemorragias: *Leve*
14	100	90	36,5			Localización: *MMII Dcho (tobillo)*
11	80	70	36			Peso: *No conocido*

Continúa en página siguiente >>

<< Viene de página anterior

						Talla:
8	60	50	35,5			*No conocido*
5	40	30	35			Firma del profesional: *Pepe*

5. Resumen

El Conjunto Mínimo Básico de Datos (CMBD) consiste en una base de datos clínicos y administrativos, que recogen los informes de la historia clínica de un paciente tras su alta médica.

Llamamos filiación al derecho a la asistencia sanitaria por varios medios, del que el niño se beneficiará por el simple hecho de que su padre (o persona que ejerza la patria potestad) esté al corriente de sus obligaciones.

Cuando se presta asistencia a un paciente o varias víctimas tras un acontecimiento de emergencia no debemos incurrir en el error de no registrar los datos del episodio. Esta omisión en la anotación de información con respecto a la asistencia, conlleva un perjuicio para el propio paciente, ya que su historia quedará inconclusa y también puede derivar en problemas legales para los profesionales y el hospital.

Cada unidad hospitalaria tiene unas gráficas diferentes, pero todas ellas recogen los mismos datos, como el nombre del paciente, su edad, la habitación o lugar en el que está siendo atendido, la fecha de ingreso, la existencia de alergias que tenga la persona. Y por supuesto, la frecuencia respiratoria, la frecuencia cardíaca, la tensión arterial y la temperatura.

Otra de las funciones del técnico en emergencias sanitarias consiste en el mantenimiento y preparación de los aparatos de inmovilización para el transporte de pacientes.

Ejercicios de repaso y autoevaluación

1. ¿Qué es una base de datos clínicos y administrativos en la que se recogen los datos de la historia clínica de un paciente tras su alta médica?

   a. Los datos administrativos del paciente.
   b. El conjunto mínimo básico de datos.
   c. El conjunto básico mínimo de datos.
   d. Los datos personales y antecedentes hospitalarios del paciente.

2. ¿Cuál de los siguientes se pueden incluir dentro de los datos administrativos del paciente en el CMBD?

   a. Fecha de nacimiento.
   b. Diagnósticos secundarios.
   c. Lugar de procedencia.
   d. Procedimientos quirúrgicos anteriores.

3. ¿Qué cree que es más importante en el momento de registrar un caso de hemorragia?

   a. El lugar en el que se ha producido la lesión que ha provocado la hemorragia.
   b. La cantidad de sangre (en mililitros) que se ha perdido.
   c. Que el paciente nos indique el grupo sanguíneo que tiene.
   d. La hora a la que se ha producido el inicio del sangrado.

4. De los siguientes, ¿cuáles son patologías que se pueden considerar de base para incluirlas en el registro inicial de un paciente?

   a. Enfermedades degenerativas neurológicas.
   b. Personas con problemas de inmunidad o procesos oncológicos.
   c. Insuficiencia renal.
   d. Todas las opciones son correctas.

5. De las siguientes afirmaciones, diga cuál es falsa:

a. Los dispositivos de inmovilización son parte de las responsabilidades del técnico en emergencias sanitarias.

b. La rúbrica del personal sanitario que atiende a las emergencias no tiene ninguna validez legal a no ser que se trate del médico que la firma.

c. El registro UTSTEIN se creó para tomar nota de todos los parámetros que tienen que ver con la parada cardiorrespiratoria.

d. Para el uso del desfibrilador semiautomático se deberá conocer la normativa autonómica y local con respecto a la formación necesaria para poder usarlo.

Bibliografía

Monografías

❚ ÁLVAREZ Aguilar, P.: *Comparación de la determinación de la frecuencia cardíaca por método auscultatorio, palpatorio con los dedos índice y medio o con el dedo pulgar.* Costa Rica: Revista médica de la Universidad de Costa Rica, 2010.

❚ AUTILLO, D. J. G. (n.d.): *Historia de salud del ciudadano en movilidad en entorno extrahospitalario.* [s.l.]: Empresa Pública de Emergencias Sanitarias, 2016.

❚ ELLE B., LLOYD Z. y COLS: *Enciclopedia de la enfermería.* Barcelona: Oceano/centrum, 1998.

❚ GOICOECHEA Salazar, J. A. y COLS: *Manual de instrucciones del conjunto mínimo básico de datos de Andalucía.* [s. l.]: Servicio Andaluz de Salud. Consejería de Salud, 2021.

❚ JIMÉNEZ Fàbrega, X., y ESPILA, J. L.: *Códigos de activación en urgencias y emergencias: La utilidad de priorizar. Anales Del Sistema Sanitario de Navarra.* España: SciELO, 2010.

❚ MORENO-FRANCO, D., y CEARRA-GUEZURAGA, I.: *Breve historia del torniquete.* Gaceta Médica de Bilbao, 2015.

❚ MONTERO Pérez, F. J.: *La organización de la cadena asistencial urgente en España o la búsqueda de los eslabones perdidos.* Revista emergencias, 2008.

❚ ORTS Llorca, F.: *Anatomía Humana.* Barcelona: Científico-médica, 1996.

▌SÁNCHEZ Cabrera, Y. J., HENRÁNDEZ García, S., PRECIADO Delgado, C., y PLASENCAI Lugo, L.: *Metodología de evaluación pediátrica en los departamentos de urgencias y emergencias médicas.* México: Revista de Salud pública de México, 2010.

▌TERRIS, M.: *Últimas palabras y Definiciones de salud pública.* Revista de la Facultad Nacional de Salud Pública. Colombia: Universidad de Antioquía, 2003.

▌VV. AA.: *El triaje: herramienta fundamental en urgencias y emergencias.* Anales Del Sistema Sanitario de Navarra, 2010.

▌VV. AA.: *La seguridad en los cuidados de los pacientes en las emergencias extrahospitalarias.* Revista de Calidad Asistencial, 2013.

▌VV. AA.: *Manejo del paciente con amputación traumática de un miembro.* FMC - Formación Médica Continuada En Atención Primaria, 2007.

Documentos electrónicos

▌Cruz Roja española, de: <http://www.cruzroja.es>.

▌Documentación sobre nefrología, de: <http://www.carloshaya.net>.

▌Emergencias Sanitarias 061 Andalucía: 30 años apostando por la calidad en la atención a los ciudadanos, de: <https://www.reue.org/wp-content/uploads/2024/01/47-60.pdf>.

▌Manual anatómico del corazón, de: <http://www.cienciasradiologicas.com>.